Das Jenseits sendet Botschaften

Unerklärliche Erlebnisse

D1730696

Magic Buchverlag
Christine Praml

*Unser Dank gilt allen Autoren, die uns
ihre interessanten Beiträge zusendeten.*

Magic Buchverlag im Internet:
www.magicbuchverlag.de

© 2005 by Magic Buchverlag, Christine Praml

Alle Rechte vorbehalten.
Herstellung: Magic Buchverlag, Christine Praml
Umschlagillustration: Margarete Nothaft
Umschlaggestaltung: Martin Praml
Satz: Jürgen Kierner
Druck: Schaltungsdienst Lange o.H.G., Berlin
Printed in Germany
ISBN 3-936935-33-5

INHALT

VORWORT

In diesem Buch werden Sie von unerklärlichen Ereignissen lesen und von Botschaften erfahren, die aus dem Jenseits gesendet wurden. Im Rahmen eines Wettbewerbs wurde aufgerufen, dem Magic Buchverlag Beiträge zu senden, die »Unerklärliches« beinhalten.

»Unerklärliches«
Es gibt Geschehnisse, welche sich nicht erklären lassen und für die auch die Wissenschaft keine Erklärung findet.

Es erreichten uns zahlreiche Beiträge, die uns von weit über die Grenze Deutschlands hinaus zugesandt wurden. Viele der Autoren teilten uns mit, dass sie das Geschriebene wirklich erlebt haben, andere ließen uns darüber im Unklaren.

Ob sich diese Geschehnisse, die wir in dieser Anthologie veröffentlichen, alle wirklich so zugetragen haben, oder diese nur *möglich* wären, können wir nicht mit Sicherheit sagen. Sicher dagegen ist, dass es Vorkommnisse gibt, die auch der klarste Verstand nicht begreifen kann – und sich dennoch so zutragen.

Ich wünsche Ihnen nun angenehme Stunden beim Lesen dieses Buches!

Ihre
Christine Praml

Glauben Sie an das Schicksal? Nein? Sie sind ihm noch
nicht begegnet, sagen Sie. Jeder ist seines Glückes Schmied
und bestimmt somit selbst den Weg, den er gehen will.
Und der Rest ist Zufall. Was aber ist »Zufall«?

Niemand kann beweisen, dass es das Schicksal gibt.
Wie sollte es auch aussehen, wer sollte es lenken?
Sie sagen, Dinge geschehen eben und alles ist erklärbar.
Gut, akzeptiert. Aber gehen Sie so weit mit, dass Dinge
auch in Ihrem Umfeld geschehen sind, deren Beginn
und Verlauf seltsam waren? Vom überraschenden Ende
ganz zu schweigen? Aha, also doch.

Seltsame, ja nicht erklärbare Dinge geschehen jeden Tag
und überall. Heute, morgen und ganz sicher auch über-
übermorgen. Solange es uns Menschen gibt.

Was geschehen soll, geschieht. Wir gehen unseren Weg,
ohne die unsichtbaren Fäden zu bemerken, die ebenso
unsichtbare Hände halten, um uns zu lenken und zu
leiten. Nicht immer ist das, was uns das Schicksal bringt,
angenehm. Es zieht seine Fäden und dorthin, wo sie
zusammenlaufen, hat noch kein menschliches Auge geblickt.

Vielleicht gibt es das Schicksal also doch. Und es ist
jedem von uns gegeben. Jedem, von dem Augenblick an,
in dem er mit seinem ersten Schrei diese Welt betritt.
Der Weg ist vorbestimmt, und es gibt kein Entrinnen.

Karin Kitsche

DER BETTLER VOM ROMA

von Wolfgang Jockel

Ich habe es nie eilig, wenn ich nach einer Vorstellung im Münchner Nationaltheater wieder in die Tiefgarage zu meinem Wagen gehe. Im Gegensatz zu den meisten anderen Theaterbesuchern, die sich hektisch an mir vorbei zu den Ausgängen drängeln.

Die einen hetzen so schnell es geht zur Garderobe und zur Straßenbahn, um noch ihre U- oder S-Bahn nach Garching, Erding, Wolfratshausen oder Grünwald zu bekommen, weil das jetzt doch viel wichtiger ist, als den Künstlern mit etwas längerem Applaus ihre Anerkennung und Wertschätzung für die vollbrachte Leistung zu demonstrieren. Man hat ja schließlich dafür bezahlt – und im Nationaltheater nicht wenig!

Die anderen müssen noch an die Parkschein-Automaten, um ihr Parkticket zu bezahlen, weil sie vor Beginn der Vorstellung keine Zeit mehr dafür hatten. Schon manch einer musste mit hochrotem Kopf ein Hupkonzert über sich ergehen lassen, weil er vergessen hatte zu bezahlen. Die Schranke geht aber ohne ein bezahltes Parkticket nicht hoch. Auch nicht, wenn die Fahrer dahinter noch so laut hupen: »Idiot – fahr zu!« – »Dicken Mercedes fahren, aber zu blöd zum … zum … Fahr weiter, du Hirsch …!« Ganz normale Menschen im schwarzen Anzug und Abendkleid! Dabei ist es erst höchstens zehn Minuten her, dass Julietta oder Mimi auf der Bühne ihren Lungenleiden erlegen sind, Destemona erwürgt, Toska zerschmettert, Miss Butterfly erstochen, Lucia verrückt geworden oder Gilda in ihrem Sack erstickt ist. Kann man da nicht noch ein bisschen Pietät erwarten? Vor den meist gewaltsamen Todesfällen in der Oper trinken die gleichen Leute in der Pause noch ganz vornehm ein Glas Champagner – und an der Ausfahrt zur Maximilianstraße vergessen sie dann völlig, was ihnen ihre Mütter in Sachen gutes Benehmen beigebracht hatten. Besonders bei Föhn und nach Händel.

Ich hole mir nach der Oper meistens nur kurz meinen Mantel aus dem Auto und gehe zu Fuß die Maximilianstraße entlang, um den Abend im nahe gelegenen *Café Roma* ausklingen zu lassen. Nach dem *Barbier von Sevilla* bei einem Glas Chianti, nach der *Zauberflöte* bei einem Glas Weißwein und nach *Turandot* bei einem Magenbitter.

Immer wenn ich aus dem Theater kam, begegnete ich dort einem alten Bettler. Manchmal stand er an der zugigsten Stelle zwischen dem Ausgang der Oper und dem Eingang zur Tiefgarage, manchmal auch an der großen Treppe zum Max-Josef-Platz. Er erbarmte mich, seit ich ihn vor vielen Jahren dort das erste Mal gesehen habe. Ein kleiner, magerer, weißhaariger Mann, der so zerbrechlich wirkte, dass man Bedenken hatte, ob er den nächsten Tag noch erleben wird. Sein alter schwarzer Mantel war bereits völlig abgewetzt, seine schwarzen Schuhe waren mit Paketschnüren zugebunden und die magere, knöchrige Hand, mit der er den Theaterbesuchern seinen alten schwarzen Hut hinhielt, zitterte so sehr, dass man ihm einfach aus Mitleid etwas geben musste.

Ich warf ihm immer ein paar Münzen hinein und an Weihnachten auch mal einen Schein. Weil er mir wirklich Leid tat – und weil er mir im Laufe der Jahre irgendwie sympathisch geworden war. Er muss sicher mal bessere Zeiten gesehen haben. Sein mageres, blasses, eingefallenes Gesicht mit den dunklen Augen wirkte trotz allem, was er vielleicht bereits erlebt hatte, irgendwie sehr edel.

Meist lehnte er an irgendeiner Wand und schaute nur nach unten auf den Boden – so als wolle er vermeiden, dass man sein Gesicht sieht. Wenn wieder eine Münze in seinen Hut geworfen wurde, nickte er nur ein wenig – fast unmerklich – und seine Hand begann noch heftiger zu zittern.

Auch an jenem warmen Abend im Juli sah ich ihn auf dem Platz vor der Oper. Er lehnte an der Hauswand des Opernhauses neben der großen Treppe und schaute auf den Boden. Obwohl es an diesem Abend ziemlich warm war, trug er wie immer seinen alten schwarzen Mantel und hielt seinen alten schwarzen Hut in der zitternden Hand.

Ich hatte meine letzten Münzen in der Pause als Trinkgeld gegeben, als ich ein Glas Sekt bezahlte, und konnte ihm diesmal nichts in seinen Hut werfen. Also tat ich so, als hätte ich ihn nicht gesehen und ging in Richtung *Café Roma* an ihm vorbei. Fast mit einem schlechten Gewissen, aber ich rechtfertigte mich mit dem Gedanken, dass ich ihm im Laufe der letzten Jahre inklusive »Weihnachtsgeld« bestimmt schon insgesamt an die hundert Euro gegeben hatte.

Im *Roma* bestellte ich mir eine Kleinigkeit zu essen und ein Glas Wein und ließ das wunderschöne Ballett, das ich an diesem Abend gesehen hatte, noch einmal an meinem geistigen Auge vorüberziehen. Die *Kameliendame* wurde ausschließlich zu der wunderbaren Klaviermusik von Chopin getanzt, wodurch ihr tragisches Ende noch trauriger und dramatischer wirkte als in der *Traviata*.

Innen im Restaurant war es ziemlich leer – die meisten Gäste saßen draußen im Freien auf der Maximilianstraße und genossen den schönen warmen Sommerabend. An solchen Abenden findet man draußen keinen einzigen freien Stuhl, denn das Motto hier hieß schon immer sehen und gesehen werden – ein Theater nach dem Theater.

Als ich mich im Raum so umschaute, sah ich ihn plötzlich. Meinen Bettler. Im *Roma*. Er saß mir schräg gegenüber an einem der kleinen Tische und trank – wie ich – ein Glas Wein. Was er aß, konnte ich natürlich nicht erkennen, aber er genoss sein Essen offensichtlich mit großem Appetit.

Überraschung ist nicht das richtige Wort für das, was ich in diesem Moment empfand. Ich war erstaunt. Ich war perplex. Ich war fassungslos. Das passte doch nicht zusammen – mein Bettler, dem ich seit vielen Jahren immer wieder ein paar Münzen in seinen alten Hut geworfen hatte, damit er sich etwas zu essen kaufen konnte und jetzt das *Café Roma* auf der Maximilianstraße.

Die Gedanken überschlugen sich in meinem Kopf. Soll ich jetzt wütend sein, weil ich ihm immer Geld gegeben hatte und somit auf einen uralten Bettlertrick hereingefallen war? Oder soll ich mich freuen, weil er heute so gut verdient hatte, dass er sich sogar ein Essen im *Café Roma* leisten kann? Ich gehe seit über vierzig Jahren regelmäßig ins *Roma* und weiß, dass es hier nicht gerade billig ist. Bedeutet ihm das hier Sitzen so viel, dass er sein mühsam erbetteltes Geld in einem so teuren Restaurant ausgibt?

An seinem ganzen Benehmen merkte ich, dass er nicht zum ersten Mal hier war – er fühlte sich im *Roma* offensichtlich ziemlich zu Hause.

Gerade als er aufstehen wollte, um sich an der Bar eine Zeitung zu holen, kamen ein paar junge Leute herein – offensichtlich schon ein wenig angetrunken. Ich weiß nicht genau, was sie von dem alten Mann wollten, aber ich fühlte instinktiv, dass es nichts Gutes war. Er passte ihnen nicht – nicht hier im *Roma* – und das mussten sie ihm zeigen. Sie versperrten ihm den Weg, schubsten ihn hin und her und nahmen ihm die Zeitung weg. Einer trank dann einfach seinen Wein und steckte sogar seine Zigarette in sein Essen.

Ich bin kein Held und habe weder die Mentalität noch die körperliche Verfassung eines Kung-Fu-Kämpfers, aber das konnte ich nicht zulassen. Blitzschnell stand ich auf, ging auf den Tisch zu und rief: »Soll ich die Polizei rufen, Vater …?«

Damit hatten die vier jungen Männer nicht gerechnet und wussten damit vor allem auch nichts anzufangen. Sie schauten mich völlig verdutzt an, dann ihn und dann wieder mich. Und dann verließen sie wortlos das Restaurant – so schnell sie konnten.

»Kommen Sie«, sagte ich zu meinem Bettler, »jetzt bestelle ich uns erst mal einen Cognac und Sie beruhigen sich wieder!«

Wir setzten uns an meinen Tisch, ich bestellte zwei Cognac und wir unterhielten uns. Er sprach sehr leise – aber was er mir erzählte, haute mich um. Total!

Es klang so unglaublich, dass ich noch keinem Menschen davon erzählt habe – und bis heute auch noch gar nicht weiß, wie ich mit dieser Geschichte überhaupt umgehen soll.

Er erklärte mir nämlich, dass das, was ich eben für ihn getan hatte, ich für mich selber getan hätte. Zunächst verstand ich nicht, was er meinte – suchte nach einer Erklärung in christlicher oder buddhistischer Hinsicht – aber langsam wurde mir bewusst, dass er mir klar machen wollte, dass er »ich« ist. Dass ich also »er« in 35 Jahren bin! Ich könne in ihm sehen, wie ich in 35 Jahren sein werde, denn er sei meine Zukunft.

Natürlich spürte er, dass ich ihn für komplett verrückt hielt, aber in den nächsten beiden Stunden versuchte er mir zu beweisen, dass er »ich« ist – einfach nur 35 Jahre später – und er erzählte mir mein ganzes Leben.

Er wusste einfach alles von mir – jedes auch noch so kleine unwichtige oder wichtige Detail. Von der Stunde meiner – oder seiner – Geburt an bis heute, dem ersten Tag einer Überschneidung von Vergangenheit, Gegenwart und Zukunft – dem Tag, an dem ich einen Blick in mein künftiges Leben werfen sollte.

Mein Bettler kannte alle Orte, an denen ich gewesen war, alle Menschen, denen ich im Laufe meines Lebens begegnet bin und sogar meine Träume, Wünsche, Vorlieben und selbst Dinge, die ich inzwischen schon längst vergessen hatte oder über die ich noch nie gesprochen habe. Er wusste Bescheid über all meine Krankheiten, meine Erfolge und Misserfolge und über alle Ereignisse in meinem bisherigen Leben. Und ich konnte ihm trotzdem kein Wort glauben – wollte ihm kein Wort glauben und suchte natürlich nach seinem Trick –, vor allem aber auch, weil ich doch nicht – wie er – in meiner Zukunft als Bettler vor der Oper stehen wollte.

Also fragte ich ihn, wieso er – wenn er vorgibt, ich in 35 Jahren zu sein – denn betteln gehe. Mir ginge es finanziell doch gut. Ich wäre erfolgreich und verdiene so viel, dass ich mir um mein Alter eigentlich keine Sorgen machen müsse. Aber auch hier schilderte er mir minutiös seinen – meinen – Abstieg.

Es klang auch völlig logisch, wie er mir erklärte, dass all meine Geschäfte doch nur von Banken finanziert seien und dass mir nicht mal der Radiergummi auf meinem Schreibtisch gehöre. Im Augenblick wäre ich erfolgreich und würde gut verdienen, aber ein Unternehmen wie meines bzw. seines könne nur so lange funktionieren – habe nur so lange funktioniert –, solange auch die entsprechende Nachfrage da sei. Und die sei durch technische Neuentwicklungen plötzlich nicht mehr vorhanden gewesen.

Die Banken hätten ihre Kredite zurückgezogen, er – also ich – hätte mit meinem gesamten Vermögen haften müssen und das sei schließlich das Ende gewesen.

Ich konnte schon gar nicht mehr richtig zuhören, als er mir noch mehr von den »unglücklichen Umständen« erzählte, die zu seinem gesellschaftlichen

14

Abstieg geführt hatten bzw. – wenn ich ihm glauben sollte – zu meinem führen werden. Er sei von seinem besten Freund hintergangen worden, durch einen unfairen Vertrag mit ihm wegen angeblicher Steuerhinterziehung unschuldig im Gefängnis gesessen, habe trotz erwiesener Unschuld all seine Freunde und Kreditgeber verloren und sei dann sogar noch seinen Führerschein los geworden, weil er nach einer Geburtstagsparty mit Alkohol am Steuer in einen Unfall verwickelt wurde, bei dem ein Mensch schwer verletzt worden ist.

Das bisschen, was er noch besaß, hätte er dann in ein riskantes Unternehmen gesteckt und schließlich alles verloren. Sein Körper habe mit Krankheiten auf all diese Ereignisse reagiert, aber er konnte ja nicht einmal mehr den Arzt bezahlen. Keine Firma wollte den kranken »Bankrotteur« einstellen und zum Schluss habe er nicht einmal mehr die Miete für eine kleine Wohnung bezahlen können. Er wurde obdachlos und das Betteln sei der letzte Ausweg gewesen.

Ich wehrte mich mit aller Gewalt gegen diese Zukunft und schlug vor – nun durch ihn gewarnt – aufzupassen und alles anders zu machen –, die Zukunft zu ändern. Aber er lächelte nur müde und fragte mich, wie ich denn eine Zukunft, die geschrieben ist, eine Zukunft, die bereits gelebt worden ist, verändern will. Sein Leben sei doch schon Vergangenheit und die könne man doch nicht mehr rückgängig machen.

Ich ging auf die Toilette und schaute während des Händewaschens in den Spiegel. Hatte ich Ähnlichkeit mit ihm? Hatte er meine Augen – oder ich seine? Werde ich in 35 Jahren aussehen wie er? Und so sein wie er? Ist sein Schicksal unabwendbar mein eigenes?

Vor allem aber ertappte ich mich bei der Überlegung, ob und was ich nun für ihn tun kann, damit es ihm besser geht – und somit später mir? Soll ich ihm heute Geld geben und eine feste Rente zahlen, damit ich später davon profitieren kann? Soll ich ihm einen Arzt bezahlen, damit ich später möglichst gesund bin? Und: Was kann ich jetzt tun, damit ich eine solche Zukunft – seine Vergangenheit – nicht erleben muss? Kann ich die Zukunft überhaupt verändern, wenn alles bereits bestimmt ist? Was könnte ich trotz allem verändern und wo muss ich aufpassen, damit es mit meiner Firma nicht wirklich plötzlich bergab geht? Kann ich meinem Freund und seinen Steuererklärungen vertrauen? Ich darf auch nichts mehr trinken, wenn ich fahren muss.

Doch als Erstes nahm ich mir vor, meinen Bettler jetzt gleich ganz genau zu beobachten und auf gewisse Details zu achten. Kann ich vielleicht an seiner Nase, seinen Ohren oder an seinen Händen erkennen, ob er wirklich »ich« ist?

Aber als ich von der Toilette zurückkam, saß er nicht mehr an meinem Tisch. Er war weg. Die Bedienung hatte bereits abgeräumt und die Rechnung auf den Tisch gelegt – man wollte schließen. Normalerweise kontrolliere ich eine Rechnung nicht, aber diesmal tat ich es, weil mir der Rechnungsbetrag überraschend niedrig vorkam. Ich ging die einzelnen Posten durch und stellte fest, dass nur die Dinge auf der Rechnung standen, die ich gegessen und getrunken hatte. Hatte mein Bettler also seine Zeche schnell selbst bezahlt und war gegangen? Ich hätte ihn doch eingeladen – vor allem wollte ich die Getränke bezahlen.

Ha Lim, die hübsche chinesische Bedienung vom *Roma*, schaute mich nur verständnislos an, als ich sie fragte, ob »er« seine Rechnung schon selbst bezahlt hätte. Sie gab mir jedenfalls keine Antwort und wünschte mir noch einen schönen Abend. Wahrscheinlich hatte sie meine Frage einfach nicht verstanden.

Wolfgang Jockel

Seine Hobbys sind Musik (der Autor geht gerne in Konzerte und in die Oper), Malerei, Literatur, Wandern, Reisen und Schreiben. Letzteres möchte er sich zu seiner zukünftigen Passion machen.

Wolfgang Jockel hat 1999 den mit 10.000 DM dotierten 1. Preis – den »Goldenen David« – für die wirkungsvollsten Kleinanzeigen im deutschsprachigen Raum gewonnen und 2000 den »Karl Valentin-Thaler« für den »schönsten Unsinn des Jahres« erhalten.

EIN LETZTES LEBEWOHL

von Rosemarie Hrdina

Silvester 1952

Da meine Eltern bei einer Tanzveranstaltung waren, durften meine Schwester und ich mit Oma und Opa Blei gießen und Karten spielen. Dieser Abend war etwas Besonderes, denn wir mussten erst ins Bett, wenn wir es selber wollten, also wenn wir richtig müde waren. Es gab Kinderpunsch und Wurstbrote, später richtete dann Oma noch Bratwürstel und Kartoffelsalat her. Für uns Kinder war das ein Festmahl, denn Wurst gab es nur zu ganz besonderen Anlässen.

Wir saßen gemütlich in der großen Wohnküche um den Tisch und genossen den letzten Abend des alten Jahres.
Eigentlich sollte noch Onkel Dolf, Opas Bruder, vorbeikommen. Er hatte versprochen, wenn es irgendwie möglich wäre, diese Nacht mit uns zu verbringen.
Er wohnte in Augsburg und ich freute mich jedes Mal, wenn er zu Besuch kam.

Da es in unserem Dorf nur ein einziges Telefon bei der örtlichen Poststelle gab, war eine Nachricht seinerseits nicht möglich, denn um diese Zeit und an so einem Tag war natürlich niemand im Büro. Onkel Dolf hätte uns also nicht verständigen können, ob er nun kommen konnte oder nicht. Deshalb begannen wir schon mal mit dem Abendessen. Und dann ging es los mit der Deutung der Bleifiguren. Unserer Fantasie waren keine Grenzen gesetzt und wir sahen die lustigsten und merkwürdigsten Dinge. Es herrschte eine ausgelassene Stimmung, die jäh durch ein lautes Klopfen an der Haustüre unterbrochen wurde. Es war kurz nach 22 Uhr. Ich hüpfte vom Sofa, denn ich kannte dieses »dam-dam dam dam-dam«. Das musste Onkel Dolf sein. Mit diesem Klopfzeichen gab er sich immer zu erkennen, wenn er uns besuchte.

Opa hielt mich am Arm fest und sagte: »Ich werde nachsehen. Es ist kalt draußen und du wirst dich sonst erkälten.«

Gespannt lauschte ich, als Opa den Namen seines Bruders rief. Aber niemand antwortete. Vielleicht hatten wir uns doch verhört.

Wir holten ein Kartenspiel und wollten gerade die Karten verteilen, als wieder das laute Klopfen deutlich zu hören war. Erschrocken verharrten wir ein paar Sekunden.

Dann erhob sich Opa und sperrte die Haustüre erneut auf. Er ging in den Garten und rief: »Dolf, jetzt hör auf mit dem Versteckspielen. Komm endlich rein!«

Aber wieder kam keine Antwort. Jetzt wurde mir doch ein bisschen unheimlich zumute. Und als es ein drittes Mal klopfte und wir gleich darauf Schritte hörten, die sich langsam vom Haus entfernten, herrschte Totenstille im Raum.

Was hatte das alles zu bedeuten?

Am nächsten Morgen dachte ich schon nicht mehr an das nächtliche Ereignis, als unser Posthalter ein Telegramm brachte.

Onkel Dolf war gestern Abend gegen 22 Uhr an einem Herzinfarkt gestorben.

Rosemarie Hrdina

Geboren am 25.02.1945, verheiratet, drei erwachsene Kinder. Neben Kurzgeschichten schreibt sie Gedichte und malt gerne Aquarelle.

VIVA LA VIDA

von Petra Armgart-Klinke

Malin schreit auf. Ihr Schrei verhallt ungehört, löst sich auf in der smogvernebelten Luft von Mexiko-City.

»Die Zeitschrift wird eingestellt!« Fassungslos starrt sie das Handy an. »Kein Geld für meine Auslagen!« Malin schlägt die Hände vors Gesicht. Die Kamera, zentnerschwer zwischen ihren Brüsten, zwingt sie in die Knie.

Ihr Herz pumpt, sie atmet heftig, springt auf, spuckt in den Gully.

Vorbei die Faszination für kandinskybunte Marktstände, vorbei das Prickeln beim Anblick exotischer Kürbisbäuche und pikanter Würzfeuer.

Wochenlang stand Malin in dieser Kulisse, das Objektiv zuckte von links nach rechts, den Finger am Abzug. Sie saugte die Eindrücke dieses Landes durch die Linse, fing schmetterlingsbunte Frauen und smogvertreibende Jakaranda-Bäume ein.

Ein Traumjob dieser Auftrag fürs Reisemagazin. Alles aus eigener Tasche bezahlt.

Sie zieht die Glut ihrer Zigarette bis zum Filter, stößt Rauch aus dem Mund, als könne sie ihr Problem wegpusten.

Angst treibt sie über die Straße – Angst, die sie wie Schmeißfliegen umkreist. Reifen quietschen. Malin stolpert über den Bordstein, rudert mit den Armen. Ein harter Schlag gegen den Kopf, dann Dunkelheit. Was ist los? Sie findet sich wieder im bunt gefächerten Umhang einer Frau. Ihre Hände spüren kaltes Metall. Eine Krücke?

»Au!« Sie reibt sich die Stirn, versucht aus dem Wirrwarr aus Stoff, Perlen und Blüten zu kriechen. Ihre Kamera hängt verfangen zwischen bunten Ketten.

Malin murmelt eine Entschuldigung, starrt auf ein schwarz geflochtenes Kunstwerk über strahlenden Augen.

»Eine gelungene Vorstellung!«

In stoisch-heroischer Haltung steht die Frau vor Malin.

»Wow, ein schillernder Paradiesvogel, und diese Augen … so viel Lebenslust!« Malin greift zur Kamera. Ohne nachzudenken drückt sie auf den Auslöser. Klick, klick, immer wieder. Es funktioniert nicht.

»Nein!« Sie schreit entsetzt auf, dreht hier, drückt dort, schüttelt die Kamera durch.

»Der verdammte Sturz, KAPUTT!!«

Die Frau greift Malins Arm, schaut sie an.

»Die Zukunft hat viele Gesichter. Für den Schwachen das Unerreichbare. Für die Furchtsamen das Unbekannte. Für die Tapferen die Chance.«

Was weiß die von meiner Zukunft? Malin ist verwirrt, die Frau stützt sich auf ihre Krücken, geht.

Malin spürt ein Kribbeln, es zieht über Rücken und Arme bis in die Fingerspitzen. Sie schaut sich um. Die Frau verschwindet im Hauseingang.

Malins Herz hämmert.

Ihr ist schwindelig. Ein angenehmer Schwindel. Ein Schwindel, der müde und gleichgültig macht, ihren Körper zu Boden zieht. Die blaue Fassade des Hauses tanzt vor ihren Augen.

Unter ihren Lidern drehen sich Lichtpunkte. Sie kreisen, kreisen, kreisen.

Sie spürt etwas hinter sich. So nah, dass sie den Atem über ihren Nacken streifen fühlt.

»Blau hält böse Geister fern!«

Die Frau steht vor ihr, winkt sie ins Haus. In Malin breitet sich Gleichgültigkeit aus. Auf wackeligen Beinen folgt sie.

Drinnen scheint die Zeit stehen geblieben zu sein. Tontöpfe, alte Holzmöbel vor dem steinernen Kamin. Die Frau füllt zwei Gläser, reicht ihr eines, prostet ihr zu und stürzt dann ihres in einem Zug hinunter. Malin macht mit. Hustend ringt sie nach Atem.

Die Frau lacht, schenkt nach und trinkt. Das zweite Glas geht leichter runter.

Sie spürt den Tequila in der Kehle brennen, schließt die Augen, atmet durch. Malin sehnt sich danach, ihre Angst zu teilen, sie kleiner zu machen. Aber wie albern, sie kennt die Frau kaum. Außerdem strahlt sie Stärke aus, scheint keine Angst zu kennen.

Als sie die Augen öffnet, ist sie allein. Von ferne erklingt fröhliche Musik.

An der Tür steht ein Rollstuhl, daneben eine Staffelei. Malins Hände gleiten über die Leinwand. Bunt bemalte Holzboote, tanzende Menschen. Sie spürt das Lachen und Musik in den Fingern.

Nebenan auf dem Bett liegt ein Stahlkorsett. Sie nimmt es hoch, legt es um ihren Körper.

Malin dreht sich im Kreis, tanzt mit dem imaginären Partner.

Lachen lässt sie erstarren.

»*Si, si, bailar,* tanzen!« Die Frau steht im Türrahmen, ihr Lachen schallt durch den Raum.

Malin wird rot, legt das Korsett zurück, richtet die Bettwäsche, als gelte es ihr Leben gerade zu rücken.

»Verzeihung!«

»Warum?« Die dunklen Augen strahlen.

»Es gibt meiner Wirbelsäule Halt, so wie die Malerei meinem Leben!« Sie lässt sich in den Rollstuhl fallen, das Gesicht verzerrt. »Komm, lass uns feiern!«

Malin steht im blumengeschmückten Innenhof. Marimba-Musiker spielen, die Tische sind gedeckt. Es duftet nach Kokosnuss und Grenadinepunsch. Der Rollstuhl ist umgeben von lachenden, tanzenden Menschen.

Die Frau erzählt, gestikuliert. Ihre Faust ist geballt, öffnet sich wie eine erwachende Blume. Malin trinkt, tanzt, doch der Kummer des Tages lässt sie nicht los.

Neben ihr ein alter zahnloser Mann. Sein Blick wandert zum Rollstuhl.

»Sie hat uns vieles voraus. Nur wer bereit ist, sich zu biegen und auch nach dem größten Unwetter den Kopf zu heben, wird weiterwachsen.« Er zwinkert ihr zu. »Sie richtet die welke Blüte in dir. Glaub an das Unfassbare!«

Malin starrt ihn an. Er lacht.

Sie will etwas sagen, doch der Schwindel kehrt zurück. Vor ihren Augen drehen sich Menschen im Kreis, lachen, starren, zeigen mit Fingern auf sie. Dann wird's schwarz um sie.

Etwas klatscht in ihr Gesicht. »Hallo, aufwachen!«

Malin öffnet die Augen, erst links dann rechts. Sie ist verwirrt. Verschwommen erkennt sie den zahnlosen Mann. Sie sieht sich um. Eine Bordsteinkante, die Straße, überall Passanten.

Das Objektiv liegt zerbrochen vor ihr. Sie steht auf, fühlt eine innere Ruhe. Der Mann hilft.

»Danke, alles in Ordnung!«

Er zwinkert ihr zu.

Malin fühlt sich gut, ordnet ihre Sachen, geht.

Vor einem Haus bleibt sie stehen.

Die blaue Fassade hält böse Geister fern. »Woher weiß ich das?«

An der Wand – das große Plakat. Strahlende Augen unter einem schwarz geflochtenen Kunstwerk lächeln sie an. In Malins Kopf läuft ein Film ab, bunte Bilder.

»Ich kenne dich!«, sagt sie, liest den Namen und die Zahlen darunter »1929–1954«.

»Unmöglich!« Malin flüstert, doch die Worte schneiden durch den Kopf wie ein Schwert. Sie sinkt auf die Knie, starrt das Plakat an.
Viva la Vida steht in fetten Lettern über dem Kopf.
Es lebe das Leben, sie verfolgt erneut Bilder des Films. Stück für Stück setzt sich das Puzzle zusammen.
Die bösen Geister sind fort. Malin überlegt, begreift das Unfassbare.

Petra Armgart-Klinke

geb. 30.06.1964 in Peine, verheiratet, 1 Sohn
Beruf: Schauwerbegestalterin
Mitglied der KVHS Schreibwerkstatt Peine seit 1993
Mitglied der Peiner Autorinnenwerkstatt seit 1994
Kultur- und Kunstpreis des Landkreises Peine 2001:
3. Preis für Kurzgeschichte: »Gefallener Engel«
Veröffentlichungen: Anthologie: »Sternstunden und andere«

DER MANN AM KLAVIER

von Damian Wolfe

Sicher werden Sie denken, ich sei ein seniler, alter Mann, der nicht mehr ganz richtig im Kopf ist, wenn ich Ihnen jetzt meine Geschichte erzähle. Der Jüngste bin ich mit meinen fast achtzig Jahren natürlich nicht mehr, da haben Sie schon Recht. Und dass mich der Krebs früher oder später besiegen wird – wahrscheinlich eher früher als später –, ist auch nicht zu übersehen. Aber glauben Sie mir: Was ich erlebt habe, habe ich erlebt. Das schwöre ich bei allem, was mir heilig ist!

Ungefähr drei Monate ist es jetzt her, seit mir der Arzt meinen Alterskrebs diagnostiziert hat. Überrascht hat mich das nicht, denn in meiner Familie sind viele an Krebs gestorben, und die meisten durften nicht so alt werden wie ich. Dennoch war es für mich, als hätte mich Gevatter Tod persönlich auf die Zielgerade meines Lebens gewunken. Ich habe tagelang geweint, mich eingeschlossen in meiner Einzimmerwohnung und mir mehr als einmal überlegt, das Ende selbst in die Hand zu nehmen. Immer noch besser, als langsam dahinzusie-

28

chen und anderen zur Last zu fallen, dachte ich. Doch dann fielen mir die Worte meines Vaters ein. »Sohn«, hatte er bei jeder sich bietenden Gelegenheit gesagt, »was immer du tust, achte darauf, dass keine losen Enden zurückbleiben.«

Um ehrlich zu sein, hatte ich nie so recht verstanden, was er damit gemeint hat. Jetzt allerdings war es mir sonnenklar: Man soll die Dinge zu Ende bringen, wenn man kann, und sich nicht einfach mittendrin davonstehlen. Also begann ich, mir eine Liste zu schreiben, auf der all das stand, was ich vor meinem Tod noch erledigen wollte oder musste.

An erster Stelle stand eine Reise zurück in die Vergangenheit; dahin, wo ich als kleiner Junge mit meinen Eltern immer die Sommerferien verbracht hatte.

Ich erinnere mich noch genau an dieses kleine Hotel namens »Lakeview« am Eriesee. Jedes Jahr verbrachten wir dort eine ganze Woche, egal ob Krieg war oder Rezession herrschte, ob Vater Arbeit hatte oder nicht. Es war eine Art Ritual, eine Familientradition, die über allem anderen stand. Tagsüber wurde immer das gemacht, worauf ich Lust hatte. Abends bestanden meine Eltern dann darauf, gepflegt im Restaurant des Hotels zu essen – zu dinieren, wie Vater es augenzwinkernd nannte – und den Liedern des hauseigenen Klavierspielers zu lauschen. Ab und an ließen sich meine Eltern zu meiner kindlichen Belustigung sogar zu einem Tänzchen hinreißen.

Immer, wenn Gäste ihren letzten Abend im Hotel verbrachten, gab der Klavierspieler ein ganz besonderes Lied zum Besten. Es sei eine Eigenkomposition, erzählte er Vater einmal, und der Titel sei »Bittersüßer Abschied«. Genauso klang das Lied auch: voller Traurigkeit, weil man wieder in den Alltag zurückmusste, aber auch voller Freude über das Erlebte und voller Vorfreude auf den nächsten Urlaub. Da fast immer irgendwelche Gäste abreisten, spielte der Mann am Klavier sein Lied beinahe jeden Abend.

Was habe ich diese Wochen am Eriesee genossen, sogar noch als Teenager, als alle meine Freunde schon längst darauf bedacht waren, so wenig Zeit wie möglich mit ihren Eltern verbringen zu müssen. Erst Vaters Tod – er starb an Krebs, wie Sie sich vielleicht denken können – beendete die lieb gewonnene Familientradition. Seit jenem Sommer bin ich nie wieder am Eriesee gewesen.

Das wollte, nein, musste ich nachholen. Ich war es mir und meinen Eltern schuldig, von diesem Ort gebührend Abschied zu nehmen – ein loses Ende weniger in meinem Leben zu haben. Also buchte ich kurz entschlossen ein Wochenende im »Lakeview«-Hotel.

Ich muss gestehen, ich war überrascht, dass es nach so vielen Jahren überhaupt noch stand. Und noch viel überraschter war ich, als mir die freundliche junge Dame im Reisebüro ein Bild des Gebäudes zeigte und ich feststellte, dass es noch genauso aussah wie damals.

Dieser Eindruck änderte sich jedoch schlagartig, als ich schließlich das Hotel an jenem warmen Samstagnachmittag betrat: Wo früher ein glatt gewienerter Parkettboden glänzte, versanken meine Füße jetzt in einem dicken kitschig-grünen Teppich. Die Landschaftsgemälde an den Wänden hatten modernen surrealistischen Kunstdrucken Platz machen müssen, und die ehemals heimelige Atmosphäre wurde von kalten, weißen Strahlern vertrieben.

Das war nicht mehr das »Lakeview«, das ich kannte. Ich fühlte mich fehl am Platz, wie ein uraltes Relikt in einem Science-Fiction-Film.

»Sir? Kann ich Ihnen helfen?«, riss mich die nasale Stimme des adrett gekleideten Mittzwanzigers an der Rezeption aus meinen Gedanken.

»Ich … ähm …« Ich war versucht, einfach wieder zu gehen, die Reise als einen sentimentalen Fehlschlag abzuhaken. »Ja, ich … habe ein Zimmer gebucht. Jones, William Jones.« Irgendetwas bewog mich dazu, zu bleiben.

»Natürlich, Sir. Moment bitte.«

Das Klacken der Tastatur, die der Mittzwanziger nun bearbeitete, ließ mich wehmütig lächeln. Die Zeiten von sauber geführten Büchern, in denen Hotelgäste ihre Namen von Hand eintrugen, waren vorbei.

»Ah ja, Mister Jones, hier haben wir es ja«, verkündete der Mittzwanziger, der bei genauem Hinsehen etwas unterernährt aussah, mit einem professionellen Grinsen. »Eine Nacht, nicht wahr?«

Ich nickte.

»Zimmer 14, die Treppe rauf, dann links. Abendessen ab halb sechs, Frühstück ab sieben, Auschecken bis zehn.« Er schob einen Schlüssel zu mir herüber. »Wenn Sie hier bitte unterschreiben wollen, Mr. Jones.«

Der Kugelschreiber, den er mir reichte, war vermutlich wertvoller als meine Armbanduhr. Ich kritzelte meine Unterschrift auf den Computerausdruck und nahm meinen Schlüssel.

»Darf ich Ihnen die Tasche abnehmen, Mister Jones?«

Ich schüttelte nur den Kopf, denn ich war sprachlos ob so viel gefühlloser Routine. Wo war nur die Herzlichkeit von früher geblieben? Plötzlich fühlte ich mich müde und ausgelaugt und sehnte mich nach ein paar Minuten Ruhe in meinem Zimmer.

»Meine Güte, weshalb bin ich bloß hierher gekommen?«, stöhnte ich, während draußen die Sonne langsam unterging.

Den ganzen Nachmittag hatte ich in meinem Zimmer verbracht und mich von einer farbenfrohen Version von Munchs »Schrei« verhöhnen lassen.

»Alter Mann!«, schien mir das Wesen auf dem Bild zuzurufen.

»Was willst du hier eigentlich? Was hast du erwartet? Deine Zeit ist vorbei!«

Ja, was hatte ich denn erwartet? Dass ausgerechnet hier die Uhren stehen geblieben sind? Dass alles noch so sein würde wie damals? Die Wahrheit war: Auch am Eriesee, in meinem geliebten »Lakeview«-Hotel, hatten die Uhren mittlerweile digitale, grellgrüne Ziffern bekommen, die unerbittlich und mit äußerster Präzision den Weg in die Zukunft wiesen.

»Du bist ein alter Narr«, murmelte ich, während ich mich aus dem Bett wälzte und in meine Schuhe schlüpfte. »Lose Enden verknüpfen … Blödsinn!«

Ein Blick auf meine altmodische Armbanduhr verriet mir, dass es Zeit zum Essen war.

Drei Gänge! Noch nie zuvor hatte ich hier drei Gänge bekommen! Und jeder Gang bestand aus einem kleinen, bunten Häufchen, fein säuberlich auf dem Teller drapiert, sehr schmackhaft und in wenigen Sekunden gegessen. Ich war wütend, traurig und enttäuscht. Wer auch immer das »Lakeview« jetzt besaß, er hatte es zerstört; ausgehöhlt; seines Charakters beraubt.

Ich sah mich im Restaurant um und entdeckte nicht ein einziges Kind, nur Geschäftsleute, die sich über den aktuellen Börsengang unterhielten, und junge Städter, die vor dem Alltag aufs Land geflüchtet waren. Es herrschte eine Stimmung wie in einem Museum, und ich hatte immer mehr das Gefühl, das altertümliche Exponat zu sein. Ich und das Klavier, auf dem der Mann früher gespielt hatte. Das

33

Instrument hatten sie, aus welchen Gründen auch immer, an seinem Platz stehen lassen.

»Lose Enden ...«, seufzte ich.

»Wie bitte?«, fragte mich die Kellnerin, die gerade dabei war, meinen Teller abzuräumen.

»Nichts. Gar nichts.«

»Darf ich Ihnen noch etwas bringen?«

Ich musste schmunzeln. Meine Jugend? Meine Erinnerungen? Mein altes Hotel?

»Einen Kaffee«, antwortete ich, »und die Rechnung.«

Ich ließ den letzten Schluck Kaffee in der schneeweißen Tasse kreisen, während ich darüber nachdachte, was Vater wohl sagen würde, wenn er das hier sehen könnte. Vermutlich wäre er ebenso sprachlos wie ich. Und Mutter? Sie stammte noch aus einer Generation, in der sich die Frauen nicht beklagten.

Für mich war es Zeit zu gehen, so viel war mir immerhin klar: jetzt aus dem Restaurant, morgen aus dem »Lakeview« und schon bald aus dieser Welt.

Ich hob die Tasse, um sie zu leeren, als vertraute Klänge an mein Ohr drangen – »Bittersüßer Abschied«! Ich lehnte mich in meinem Stuhl zurück, um zum Klavier hinübersehen zu können, und traute meinen Augen nicht. Das war unmöglich. Es konnte einfach nicht sein. Der Mann, der dort voller Gefühl in die Tasten griff, sah aus wie der Mann am Klavier von damals! War das etwa sein Enkelsohn?

Ja, so musste es sein, denn »mein« Mann am Klavier war sicherlich längst dort, wo ich auch bald sein würde.

Mit einem Lächeln auf den Lippen schloss ich die Augen und ließ mich von diesem Lied bezaubern. Plötzlich waren auch die Erinnerungen wieder da: der Lärm spielender Kinder, der Geruch von Vaters Zigarre, das Klappern tanzender Absätze auf dem Parkettboden. Erst als die Musik verstummte, fand ich wieder in die Gegenwart zurück.

Jetzt war meine Neugier geweckt. Ich musste einfach wissen, wer dieser Mann war und woher er dieses Lied kannte. Doch als ich erneut zum Klavier blickte, war niemand mehr zu sehen. Ich stutzte, denn es war doch recht unwahrscheinlich, dass sich jemand nur für ein einziges Lied ans Klavier setzte.

»Entschuldigen Sie«, sprach ich die Kellnerin an, die gerade am Nebentisch beschäftigt war.

»Ja, bitte?«

»Sagen Sie … dieser Mann am Klavier, der vorhin gespielt hat … wer war das?«

Die junge Dame runzelte die Stirn, sah irritiert das Klavier an und wandte sich mir wieder zu. »Ich verstehe nicht, Sir. Auf diesem Klavier hat noch nie jemand gespielt. Jedenfalls nicht, seit ich hier arbeite.«

»Aha«, antwortete ich. »Dann … muss ich mich wohl geirrt haben. Entschuldigen Sie.«

»Schon gut«, strahlte sie mich an und ging wieder ihrer Arbeit nach.

35

Ich aber ließ den Rest meines Kaffees stehen und machte mich nachdenklich auf den Weg in mein Zimmer.

Sehen Sie? Jetzt lächeln Sie mitleidig, auch wenn Sie sich nie trauen würden, einem alten, kranken Mann wie mir zu widersprechen. Denken Sie, was Sie wollen: So und nicht anders ist es passiert. Ich vermute, auch der Mann am Klavier hatte noch ein loses Ende zu verknüpfen. Und jetzt entschuldigen Sie mich bitte, es ist Zeit für meine Medizin.

Damian Wolfe

ist ein 34-jähriger hauptberuflicher Journalist aus der Schweiz. Seine bevorzugten literarischen Themengebiete, in denen er seit rund einem Jahr aktiv ist, sind Horror, Mystery, Dark Fantasy und Sciencefiction. Folgende drei Kurzgeschichten sind bisher in Anthologien erschienen: »List und Täuschung«, »Stein der Weisen« und »Schatten im Nebel«.

DAS GESICHT

von Petra Gürtler

Die Uhr an der Wand tickte, brachte unaufhaltsam das Ende des Tages in greifbare Nähe. Auch das Licht im Zimmer wurde bereits von der Dämmerung bestimmt.

Anna versuchte nicht durchzudrehen, versuchte die Geschehnisse dieses unheilvollen Tages irgendwie auf die Reihe zu bekommen. Jürgen hatte stets versichert, dass die Trennung von seiner Frau kurz bevorstehe, nur war eben ständig etwas dazwischengekommen. Erst waren die Kinder zu klein, dann seine Frau von Depressionen geplagt gewesen. Schließlich begann für die ältere Tochter die Pubertät, da brauchte sie eine intakte Familie. Acht Jahre hatten sie dieses Spiel gespielt. Vor einigen Wochen war Anna dann plötzlich schwanger geworden. Jürgen machte auf verzweifelt, wie sollte er das alles schaffen? »Du kannst dieses Kind nicht bekommen, jetzt noch nicht!«, hatte er sie beschworen. Als sie nicht von einer Abtreibung zu überzeugen gewesen war, kamen die Drohungen. Es könnte gut sein, dass er, Jürgen, der Situation nicht gewachsen sein würde, hatte er gemeint. Könnte auch sein, dass ihre Beziehung dann keine Chance mehr hätte! Da hatte Anna es mit der Angst zu tun bekommen. Sie konnte nicht ohne ihn leben, hatte sie gedacht. Also war der Schwangerschaftsabbruch vollzogen worden. Jürgen kam tags darauf ins Krankenhaus und lobte: »Na, siehst du, mein Schatz, das war doch das Vernünftigste. Jetzt ist alles wieder gut!« Bei diesen Worten hatte Anna gedacht, sie müsse ihn umbringen, auslöschen, in ein großes Loch versenken, aus dem er nie wieder entkommen konnte. Oder noch besser sich selbst! Doch was hatte sie getan. Ihr Kind hatte sterben müssen, weil sein Vater ein verantwortungsloser Schweinehund und seine Mutter eine labile Hörige ihres Geliebten war. Wie sollte sie mit dieser Schuld weiterleben? Die kommenden Wochen brachten keine Besserung, sie war beladen mit Schuldgefühlen. Wenn Jürgen bei ihr war, suchte sie in Gesprächen nach Erleichterung, doch die fand sie natürlich nicht. Jürgen wurde immer ungeduldiger und wollte von »dieser Sache« nun endlich nichts mehr hören. Was vorbei ist, ist vorbei, lautete seine Devise. Und die war wohl auch die Grundlage dafür, dass er heute in einem kurzen Telefonat das sofortige Ende ihrer mehr als achtjährigen Beziehung bekannt gab. »Dein Selbstmitleid kann doch keiner mehr ertragen!«, war sein letzter Satz gewesen.

Anna schleppte sich ins Bad, sah in den Spiegel, wollte schreien, konnte aber nicht. Sie hasste sich, ihn, wollte nicht mehr nachdenken müssen, nicht über all das Verlorene. Fahrig suchte sie im Schrank nach einer Schlaftablette, fand sie, nahm sie und legte sich auf ihr Bett. Schlafen wollte sie, nur noch schlafen, da keimte kurz ein schwacher Hoffnungsschimmer. Vielleicht traf sie es heute Nacht, hoffentlich, manchmal begegnete sie im Schlaf ihrem besten Freund, dem Gesicht! Vor Erschöpfung und mit diesem Gedanken schlief sie ein.

Plötzlich war es da. Das Gesicht. Anna kannte es gut, schon seit Jahren begegnete es ihr oft im Traum. Sie konnte es im Wachzustand dann nicht mehr beschreiben, wusste weder welche Hautfarbe, noch ob es blaue Augen oder braune hatte. Das war auch völlig egal, Hauptsache es war da, mit ihm konnte sie reden, über all das Ungesagte, Ungetane oder was sie eben bewegte. Es zeigte Verständnis und hörte zu. Es hatte Ratschläge und tröstende Worte für sie. Es war, als würde sie es seit ewigen Zeiten kennen, mögen, ihm vertrauen. Seltsamerweise erschien es ihr während der Begegnungen geschlechtslos. Doch nach dem Erwachen wusste sie, dass es ein Mann war, weil er aus Männersicht zu ihr sprach.

»Hallo«, sagte es in diesem Moment.

»Hallo!«, antwortete sie.

»Geht es dir schon etwas besser, heute?«

»Nein, im Gegenteil. Er hat mich verlassen. Ich habe mein Kind für ihn getötet und jetzt hat er mich verlassen.«

»Das tut mir sehr Leid. Was soll ich da sagen. Glaubst du, es hätte je wieder so werden können wie vorher? Vielleicht ist es gut so, du kannst end-lich zu dir selber finden!«

»Ja vielleicht, ich weiß es nicht. Eigentlich ist es schon egal. Meine Schuld hätte er mir nicht neh-men können. Trost konnte er nicht geben. Aber nun bin ich absolut alleine!«

»Aber ich bin doch da! Wir haben doch uns. Du bist so wichtig für mich.«

»Ja, ich weiß. Du bist der einzige Hoffnungsschim-mer. Doch morgen, morgen ist unser Traum vorbei und während des Tages bin ich alleine. Alleine, un-fähig mich selbst noch zu ertragen.«

»Sag das nicht. Es gibt auch wieder bessere Zeiten. Wir werden es schon schaffen. Heute ist Post von meiner Exfrau gekommen. Sie zieht mit unserer Tochter in eine andere Stadt. Ich werde sie dann nicht mehr oft sehen können.«

»Wie schrecklich für dich. Kannst du gar nichts ma-chen?«

»Nein, für einen Anwalt fehlt mir das Geld und au-ßerdem war im Betrieb heute von Kündigungen die Rede. Wenn es auch mich betrifft, was ich leider annehme, stehen meine Karten für das Sorgerecht katastrophal.«

»Wir hatten schon mal bessere Gesprächsthemen. Hast du noch ein paar gute Nachrichten?«

»Nein! Die reichen doch wohl fürs Erste?«

»Ja. Es wird heller um dich, ich glaube, ich werde wach. »Du, wir sehen uns doch die Tage?«

»Ich weiß es nicht.«

Thomas schrak auf. Der Wecker zeigte zwei Uhr morgens, zu blöd, was hatte ihn denn geweckt? Das Gesicht, plötzlich wusste er wieder nicht mehr, wie es aussah. Es wirkte so real im Traum, doch kaum war er wach, konnte er sich nicht an Einzelheiten erinnern. Nur aus den Inhalten ihrer Gespräche wusste er, dass es eine Frau sein musste. Sofort nahmen die zermürbenden Gedanken über seine private und berufliche Situation wieder von seinem Kopf Besitz. An Schlaf war nicht mehr zu denken. Ruhelos wälzte er sich in den Kissen, stand schließlich auf und wanderte, eine Zigarette nach der anderen rauchend, im Wohnzimmer auf und ab. Lösungsmöglichkeiten kamen und wurden sofort wegen Undurchführbarkeit wieder verworfen. Die Luft im Zimmer war zum Schneiden, also trat er ans Fenster, um es zu öffnen. Kalte Nachtluft drückte herein, konnte den Wirrwarr seines Inneren jedoch nicht ordnen. Thomas blickte auf die Stadt zu seinen Füßen, von seinem Fenster im elften Stock war die Sicht sehr weitreichend. »Gibt es dich wirklich?«, flüsterte er in die Nacht. Kopfschüttelnd verwarf er diesen Gedanken wieder. Das Gesicht blieb ein Phantom, ein Phantom der Nacht, nicht zu gebrauchen am Tag, nicht in dieser verdammt schweren, realen Wirklichkeit. Verwirrt legte er sich wieder ins Bett, um noch ein paar Stunden Schlaf zu ergattern.

Anna zelebrierte mechanisch den morgendlichen Ablauf, bevor sie sich ebenso mechanisch auf den

Weg zur Arbeit machte. Langsam, automatisch, legte sie die kurze Entfernung zur U-Bahn-Station zurück. Warum, wusste sie nicht. Es war ihr auch gleichgültig. Während sie sich zwischen Hunderten von Weggefährten vorwärts bewegte und schließlich die Treppe abwärts in den U-Bahn-Bereich stieg, wurde ein winziger Gedanke in ihrem Kopf langsam größer und mächtiger. Das Gesicht hatte in der Nacht so merkwürdig danach gefragt, ob sie sich dieser Tage wiedersehen würden. Sie hatte geantwortet: »Ich weiß es nicht.« Die Erlösung aus ihrem Martyrium schien ihr mit einem Mal ganz klar und greifbar, je mehr sie sich dem Bahnsteig näherte. Wir werden uns nicht sehen, dachte sie. Nicht mehr sehen, nie wieder, das war die Lösung, die Erlösung.

Als sie sich zwischen den Wartenden an die Bahnsteigkante drängte, war bereits jeder Teil ihres Gehirns ausgefüllt mit dieser schrecklichen und zugleich so erstrebenswerten Sehnsucht nach Ruhe. Mit gesenktem Kopf starrte sie auf die Gleise, wartete apathisch auf das pfeifende Geräusch des einfahrenden Zuges auf den Schienen …

Tief zog Thomas den Rauch seiner Zigarette durch die Lungen, seine wievielte war das heute? Egal! Auch dass auf dem Bahnsteig in der U-Bahn eigentlich Rauchen verboten war! Blass, die beinahe durchwachte letzte Nacht fotografisch ins Gesicht geschrieben, und nicht nur diese, bot er Vorübergehenden ein armseliges Bild. Der Mantel hing – zerknittert und achtlos um die Schultern geworfen – in eine Pfütze. Ihm war, als würden ihn alle Vorübergehenden mitleidig betrachten, er interpretierte in jedes schweifende Augenpaar seiner Pendlergefährten einen abwertenden Ausdruck. Er konnte es nicht länger ertragen, wollte nicht mehr vor allen sein Versagen als Ehemann, Vater und nun auch noch im Beruf zur Schau stellen. Panik ergriff ihn, schutzsuchend vor der imaginären, allgegenwärtigen Verurteilung wollte er flüchten. Doch wohin? Es gab keine sichere Höhle, nichts, was einer Verkehrsinsel auf einer dicht befahrenen Straße gleichkam. Doch da durchzuckte ein Gedanke seinen Kopf wie ein greller Blitz der Erkenntnis: Vor ihm, jenseits der Bahnsteigkante, auf diesen schier endlosen Schienen, bewegte sich die Rettung in Form eines fahrenden Zuges direkt auf ihn zu …

Schon war der leichte Luftzug, die erste Ankündigung eines einfahrenden Zuges aus dem Tunnel zu spüren. Anna begann zu zählen, wie früher als Kind beim Versteckspiel. Nur dieses Mal würde das Ende nicht der Ausruf »Ich komme!« sein. Ich gehe, dachte sie, ich gehe, wohin auch immer, überall ist es besser als hier. Sechs, sieben, plötzlich überkam sie ein seltsam vertrautes Gefühl. Was war das, es machte sie unfähig, den Zählvorgang fortzusetzen. Der Zug fuhr schon in den Bahnhof ein, sie musste jetzt – sie würde es sonst nicht mehr tun. Wie ein übernatürlich starker Magnet zog etwas an ihrem Innersten, einer Ecke in ihrem Bauch, die oft der Ursprung tiefster Schmerzen, doch in der Vergangenheit auch schon Herkunft überirdischer Glücksgefühle gewesen war. Nun konnten sich auch ihre Augen nicht mehr dagegen wehren, die Quelle dieser fordernden Kraft zu erforschen. Langsam wandte sie den Kopf und sah – in das Gesicht.

Das Gesicht sah das Gesicht!

Thomas wusste im Augenblick der Empfindung dieser Vertrautheit, dass es ihm nahe war. Augenblicklich hatte sich sein panisches Fluchtverhalten in sehnsüchtige Suche nach der Verkörperung der glückbringenden, nächtlichen Erfahrung gewandelt. Vergessen die Verzweiflung, die Scham. Seine Augen suchten, obwohl er das Gesicht nicht eigentlich an seinem Aussehen zu erkennen glaubte. Doch da traf er ihre Augen und sah ihr in die Seele, bis auf den Grund. Und sie gab den Blick zurück, so trafen sie sich in den Ursprüngen ihrer Gefühle – und im Augenblick dieser Erkenntnis heilten sie gegenseitig die Verzweiflung des anderen.

Unbemerkt schritten sie, ohne Eile, durch die zahllosen Menschen auf dem Bahnsteig aufeinander zu. Keiner von beiden lächelte, keines der beiden Gesichter ließ durch Bewegung eine Gefühlsregung erkennen. Dann waren sie angekommen, standen sich gegenüber, fassten sich an den Händen. Es war da, es war Wirklichkeit, kein Phantom in der Nacht. Das Gesicht!

Petra Gürtler

wurde am 12.12.1966 in Ingolstadt geboren, ist verheiratet und Mutter von zwei Kindern. Beruflich geht sie einem Teilzeitjob als Zahnarzthelferin nach und betreibt eine mobile Zahnputzschule für Vorschulkinder, in der sie ausschließlich eigenverfasstes Material verwendet (Kinderbuch, Zahnputzlied). In jeder Minute, in der die Autorin nicht Mutter, Zahnputztante oder Ehefrau ist, sitzt sie und schreibt. Warum? Weil sie das am Besten kann und was man gut kann, macht Spaß. Petra Gürtlers literarische Arbeiten haben ihr bereits einige Veröffentlichungen in Anthologien eingetragen. Die Bandbreite geht dabei von Lyrik, über Geschichten und Märchen für Kinder, Märchen für Erwachsene und Kurzgeschichten.

DIE NUMMER AUS DEM JENSEITS

von Rena Larf

Mein Name ist Eva Mendel. Die Geschichte, die ich Ihnen jetzt erzähle, ist so unglaublich, dass Sie mich vielleicht für verrückt halten werden.
Aber ich kann es nicht ändern, denn genauso ist sie geschehen.

Vor drei Jahren hatte ich mir ein kleines Atelier in der Südstadt eingerichtet. Ich hatte mich von meinem Mann scheiden lassen, nachdem unsere Ehe nach zehn Jahren gescheitert war. Da ich bereits vorher eine Weile mit Tempra auf Leinwand gemalt hatte und auch einige Bilder verkaufen konnte, war ich auf Ölfarbe umgestiegen, weil sich damit besser arbeiten ließ.
Da ich mich auf Portraits spezialisiert hatte, sprach sich mein Talent herum und ich konnte ganz gut davon leben. Zumindest reichte es aus, um die monatlichen Kosten zu decken.

Manchmal ging ich für ein paar Stunden auf einen Spielplatz in einen Park in der Nähe, um mir frische Luft um die Nase wehen zu lassen.

Ich mochte es, die Kinder beim Spielen zu beobachten, da mir ein eigener Kinderwunsch bisher in
meiner Ehe unerfüllt geblieben war.

Oft saßen auch Großeltern auf den Bänken rund
um den Platz und schauten und lachten ihren En-
keln zu. Da ich meinen Zeichenblock immer dabei-
hatte, skizzierte ich den ein oder anderen von ihnen,
nachdem ich freundlich um Erlaubnis gefragt hatte.
Ich mochte diese vom Leben geprägten Menschen,
die tiefen Falten, welche die Gesichter zerfurchten
und die von Mühsal und Sorgen zeugten, aber
auch von Weisheit und Würde. Wenn ich sie zeich-
nete, sprachen wir miteinander, nicht selten erzähl-
ten sie aus ihrem Leben, blickten augenzwinkernd
zurück und vergaßen für einen Moment alle Gebre-
chen der Gegenwart. Besonders das Glänzen in ihren Augen, das sie mit den Kindern auf dem Spielplatz gemeinsam hatten, faszinierte mich dabei.

Hin und wieder konnte ich einen der älteren Herr-
schaften überreden, mir in mein Atelier zu folgen,
wo ich dann mit kräftigen Ölfarben auf weiß grun-
dierten Hartfaserplatten arbeitete, weil diese billiger
als Leinwand waren.

Ein paar von den Bildern kauften sie selbst, einige
ließ ich mit ihrem Einverständnis in der Galerie einer
Freundin in der City ausstellen, wo sie wegen ihrer
zeitlosen Schönheit viele Abnehmer fanden.

Eines Tages im Altweibersommer, Ende September,
saß ich wieder auf meiner Bank an dem Spielplatz
und beobachtete das quirlige Treiben.

Die Luft war durchzogen von glitzernden, hauch-
dünnen Spinnfäden, die dieser Jahreszeit ihren Namen gaben und zu einem zauberhaften Schauspiel
der Natur machten.

Ich sah ihn an diesem Tag zum allerersten Mal.

Seine Stirn lag in krausen Falten. Er trug ein altes
graues Wams mit einem gestreiften Hemd und eine
graue zerschlissene Stoffhose. Sein graues Haar war
strähnig nach hinten gekämmt und er trug erstaun-
lich blitzblank geputzte Lackschuhe.

Er sah auf irgendeine Weise aus wie nicht von dieser Welt, ein wenig abwesend, aber sein Gesicht
strahlte trotz der furchigen Stirn Glück und ausge-
glichene Freundlichkeit aus.

Ich war magisch angezogen.

Nachdem ich in jeder freien Minute auf den Spielplatz ging, um ihn heimlich zu beobachten, fasste
ich mir nach einer Woche endlich ein Herz und
fragte ihn nach seinem Namen und ob ich ihn
zeichnen durfte.

Sein Gesicht wurde ganz entspannt und er erwiderte
mit einem ganz besonderen Ausdruck, dass es ihm
eine Freude wäre, wenn so eine bezaubernde
junge Frau seinem alten Gesicht Aufmerksamkeit
schenken wollte.

Er hieß Menachem und saß mir stundenlang zu
einem bestimmten Zeitpunkt in meinem Atelier
Modell. Nach drei Tagen taute er etwas auf und erzählte mir die Geschichte seines Lebens.

Dazu gehörte auch, dass er mir seine eintätowierte Nummer auf dem Arm zeigte, die er 1944 im KZ Neuengamme erhalten hatte. Er war kein Freund vieler Worte.

Auch wenn er diese Zahl 145789 als Brandmal auf seiner Seele trug, war es doch diese stille Freundlichkeit, die ihn prägte und die sein Gesicht weich und gütig machte.

Nach zwei Wochen war ich mit Menachems Porträt fertig. Letzte Feinarbeiten waren abgeschlossen und ich wollte ihn am Nachmittag des 16. Oktober bei seiner Bank abholen und ihm das Ergebnis zeigen.

Mein Vater kam auf einen kurzen Sprung vorbei und wollte den Nachmittagskaffee mit mir trinken, so wie wir es jahrelang in meiner Ehe am Samstag getan hatten.

Seit meine Mutter viel zu früh verstorben war, rückten wir durch dieses Ritual ganz nahe aneinander, und seitdem ich geschieden war, brauchten wir diese Augenblicke der Zweisamkeit umso mehr.

Als mein Vater das Atelier betrat und das Ölbild mit Menachems furchigem Gesicht entdeckte, erstarrte er mitten in der Bewegung. Ein Zittern erfasste ihn vom Scheitel bis zur Fußsohle und er fragte mich aufgebracht, wer der Mann auf dem Bild sei.

Nachdem ich ihn beruhigt hatte, erzählte ich ihm von dem Juden Menachem, den ich auf dem Spielplatz im Park kennen gelernt hatte.

Mein Vater brach in Tränen aus und brachte lange kein Wort heraus. Dann erzählte er mir, dass die Augen des alten Herrn ihn an seinen Vater erinnerten, der am 16. Oktober 1944 Opfer des Holocaust geworden war. Ich selbst hatte meinen Großvater nur unter dem Namen Menac aus Erzählungen meiner Eltern gekannt. Als mein Vater die Zahl 145789 auf seinem Arm entdeckte, rastete er vollends aus. Es war die KZ-Nummer seines Vaters, anhand derer er identifiziert worden war.

Ich wiegelte ab, dass dies doch gar nicht sein könne und er sich irren müsse.

Mein Vater aber drängte mich, meinen Mantel überzuziehen und mit ihm in den Park zu gehen – zu der Bank, auf der ich mit Menachem verabredet war.

Wir waren durcheinander, innerlich zerrissen. Bedrückt und schweigsam gingen wir nebeneinanderher. Als wir die Bank erreichten, war Menachem nicht da.

Mein Vater sah mich enttäuscht an.

Nachdem wir näher an die Bank herantraten, erfüllte uns beide ein Schauder, als wir auf der Sitzfläche, dort wo Menachem immer gesessen hatte, die Nummer 145789 eingeritzt sahen.

Diese Nummer war vorher nicht da gewesen.

Was uns blieb, war ein Bild eines alten, freundlichen, stillen Herrn mit einem gütigen Gesicht und einer zerschlissenen grauen Stoffhose und blitzblank geputzten Lackschuhen.

Rena Larf

geboren 1961 in Gelderland (NL), lebt
und schreibt in Hamburg.
Zur ihrem Textwerk gehören Lyrik, Kurz-
prosa und Fantasymärchen.
Neben zwei eigenen Büchern gibt es
ein Hörbuch und diverse Veröffentlichungen in Anthologien und Zeitschriften.

MORLE

von Bettina Sternberg

Ich lebte im zweiten Stock einer alten, dunklen Mietskaserne draußen am Stadtrand. Mit den Nachbarn hatte ich kaum etwas zu tun, sah man einmal von Frau Gaber ab, deren Wohnung unmittelbar neben meiner lag. Schon damals war ich als Autorin tätig und mein kleines improvisiertes Büro grenzte an das Schlafzimmer der allein stehenden Frau. Oft fürchtete ich, sie könne sich von mir gestört fühlen, weil ich bis tief in die Nacht hinein auf meiner mechanischen Schreibmaschine herumhämmerte. Eines Tages jedoch erklärte mir Frau Gaber, dass ihr das nächtliche Klappern der Maschine längst ans Herz gewachsen war, weil es ihr Geborgenheit vermittelte. Die alte Frau, die in der Nachbarschaft als etwas sonderbar galt, war offensichtlich sehr allein, und ich verspürte großes Mitleid mit ihr.

Kurze Zeit später lief Frau Gaber eine tiefschwarze Katze zu, die sie auf den harmlosen Namen »Morle« taufte und dankbar bei sich aufnahm, hatte sie nun doch endlich eine Gesellschafterin für all die einsamen Tage und Nächte gefunden. Frau Gaber entwickelte sehr schnell eine innige Liebe zu dem Tier und die zwei waren bald unzertrennlich. Ich hingegen hegte kaum Sympathien für die Katze, sie wirkte auf eine Art bedrohlich auf mich. Katzen waren mir ohnehin nicht geheuer, ich hielt sie für tückisch und falsch und außerdem für überaus klug und listig. Für derart klug und listig, dass sie mit dem Teufel im Bunde zu sein schienen. Mehr noch – wenn Satan in Form eines Tieres ständig unter uns weilte, so hätte er, davon war ich überzeugt, in den Körpern von Katzen seine Heimat gefunden.

An einem Abend im November besuchte mich meine Freundin Rea, um sich von mir die Karten legen zu lassen. Über Jahre hinweg hatte Rea ein Singleleben geführt, notgedrungen, war immer auf der Suche nach einem Partner gewesen und vor wenigen Wochen nur – hatte sie ihn endlich gefunden. Rea war sehr verliebt in diesen Mann. Weshalb sie es nicht auf sich beruhen ließ und in den Karten nach dem Beweis suchen musste, dass er tatsächlich der Richtige für sie war, schien mir ein Rätsel. Ich selber hätte niemals so gehandelt. Hätte mich dem Glauben hingegeben, den Traumpartner gefunden zu haben und die Zeit, die mir mit ihm vergönnt war, unbeschwert genossen. So legte ich mir auch nur dann die Karten, wenn ich nichts zu verlieren hatte. Rea hingegen – hatte viel zu verlieren. Aber gut, die Menschen sind nun einmal unterschiedlich geartet.

Ich hatte mich bereits intensiv mit der Kartenlegerei beschäftigt. Während ich anfangs nur meine eigene Zukunft befragt hatte, suchten mich inzwischen auch Freunde und Kollegen auf, um mit mir gemeinsam einen Blick in ihr Schicksal zu werfen. Es war nicht nur das Wissen um die Bedeutung der Karten allein, das eine gute Zukunftsdeuterin ausmachte. Vielmehr war auch eine besondere Intuition erforderlich und ein Gespür für den Menschen, der einem gegenüber saß, um die Karten zu befragen. Nur so war es wirklich möglich, in einer scheinbar willkürlichen Anordnung verschiedenster Motive ein stimmiges Gesamtbild zu entdecken.

»O.K., lass uns anfangen!« Rea rieb sich die Hände und rutschte unruhig auf dem Sofa hin und her. Ich hatte ihr nie zuvor die Karten gelegt und es gelang Rea nicht, ihre Nervosität zu verbergen.

»Überleg es dir doch noch einmal, Rea!«, riet ich ihr. »Gewisse Dinge sollte man vielleicht einfach auf sich zukommen lassen!«

»Nein, nein!« Rea schüttelte den Kopf. »Ich bin wild entschlossen, den Kerl auf den Prüfstand zu stellen, aber – das Kartenlegen ist eine okkulte Praktik!«

»Ja. Das mag schon sein.«

Ich entzündete eine blaue Kerze, um die Geister der Luft zu rufen.

Mit großen, beinahe ängstlichen Augen sah Rea sich um, so als säße sie zum ersten Mal in meiner Wohnung. »Also, das alles hier ist aber auch bestens geeignet für …« Sie suchte nach Worten: »… so etwas!«

Ich ahnte, worauf sie hinauswollte. Das Haus, in dem ich lebte, lag unmittelbar neben dem Friedhof. Eine Tatsache, welche die Phantasie manches Menschen unangenehm beflügelte. Hier draußen am Stadtrand wehte ständig ein leichter Wind. Vor meinen Fenstern befand sich eine alte, knorrige Eiche, deren Zweige sich im Luftzug bewegten. Der Baum wurde des Nachts rückwärtig von einer Laterne angestrahlt. Das Licht, das durch die Äste drang, ließ die Eiche schwarz, unheimlich und lebendig erscheinen. Mein Wohnzimmer war klein und dunkel, voll gestopft mit alten Möbeln und diversem Trödel. Rea schaute aus dem Fenster, wo nach wie vor nichts weiter zu sehen war als ein dunkler, wolkenverhangener Himmel und die Silhouette des Baumes, dessen Zweige im Wind tanzten.

»Mein Gott, du könntest dir aber auch wirklich mal Gardinen zulegen!« Rea fuhr zusammen, als ein greller Blitz den Himmel durchzuckte und die kahlen Äste der alten Eiche in ein weißes Licht tauchte.

Ein tiefer, anhaltender Donner drang von draußen zu uns hinein. Ein Wintergewitter, wie wunderbar. Gewitter hatten etwas unendlich Magisches. Was für göttliche Voraussetzungen, um die Karten zu befragen.

»Wie funktioniert es eigentlich?«

»Das Kartenlegen?« Ich schaute sie an und zuckte mit den Schultern. »Ich weiß nicht, wie es funktioniert. Ich weiß nur, dass es funktioniert!«

»Sage ich doch!« Rea entzündete eine Zigarette. »Okkult!«

Draußen durchzuckte ein ganzes Geflecht greller Blitze den Himmel.

Ich reichte Rea die Karten und forderte sie auf, sie zu mischen.

Rea schaute das Deck etwas skeptisch an. »Ist das – Tarot?«

Ich nickte. Hin und wieder arbeitete ich auch mit herkömmlichen Spielkarten, doch im vorliegenden Fall hielt ich Tarot für geeigneter.

Nachdem Rea mir die Karten zurückgegeben hatte, begann ich damit, einzelne von ihnen aufzudecken und sie in einer bestimmten Reihenfolge auf dem Tisch auszubreiten. Ich tat es langsam und mit Bedacht, war hochkonzentriert. Allmählich kristallisierte sich ein gewisses Bild heraus. Ich sah Rea, ihr Umfeld, ihre Familie und ihren Beruf. Dann erschien tatsächlich Reas Partner. Die Unfehlbarkeit der Karten verblüffte auch mich noch immer. Alsbald würden sie mir auch Aufschluss darüber geben, wie dieser Mann wirklich zu Rea stand und was ihr die Zukunft mit ihm bringen würde.

Ich hielt das Deck fest in meiner linken Hand. Nun zögerte ich, mit der Rechten nach der nächsten Karte zu greifen, um sie aufzudecken. Meine Intuition verhieß nichts Gutes. Vermutlich fühlte ich mich in diesem Moment nicht um einen Deut ruhiger als meine Freundin selbst. Das Tarot war unbestechlich, es würde nicht lügen, um Rea zu schmeicheln oder sie in Sicherheit zu wiegen. Das Tarot war knallhart und ehrlich. Anhand meiner Karten hatte sich in der Vergangenheit schon so mancher Traumpartner als Albtraum erwiesen. Ich ahnte, dass dies auch auf Rea zutreffen könnte und so würde ich in eine große Zwickmühle geraten. Ich würde es ihr sagen müssen, sicher, Offenheit war eine Frage der Ehre.

Ich würde es ihr sagen müssen, aber ich wollte ihr nicht wehtun. Verdammt noch mal, sie war in den vergangenen Wochen doch so glücklich gewesen mit diesem Mann. Weshalb hatte sie sich nicht damit zufrieden gegeben. Ein sehr flaues Gefühl machte sich in meiner Magengegend breit, aber noch war ja nichts verloren, noch hatte ich die entscheidende Karte nicht gesehen. Vielleicht ging ja auch alles gut. Vielleicht hatte Rea tatsächlich die Liebe ihres Lebens gefunden. Obgleich ich in diesem Moment keineswegs davon überzeugt war.

Draußen tobte noch immer das Gewitter, Blitze reihten sich aneinander und tauchten den Raum in ein merkwürdiges blaues Licht. Reas gerötetes Gesicht, ihre leuchtenden, neugierigen Augen flackerten im Schein der Kerze, und das Zimmer war spürbar erfüllt von einer außergewöhnlich starken Magie. Das scheinbar nicht enden wollende Grollen des Himmels drang in den Raum hinein, schien ihn auszufüllen bis in seine hintersten Winkel.

»Sag, was du willst!«, raunte Rea. »Geheuer ist mir dieser Hokuspokus keineswegs!«

Ich kommentierte ihre Worte nicht, während ich daran dachte, dass es längst an der Zeit war, die nächste Karte aufzudecken. Also griff ich danach, entschlossen, es half nun ja ohnehin nichts mehr. Wir hatten uns auf dieses Spiel eingelassen und somit würden wir es auch zu Ende spielen müssen, unabhängig davon, welche Erkenntnis es uns bringen würde. Als ich die entscheidende Karte langsam umdrehte, sah ich anfangs nur die Beine eines weißen Pferdes, mehr nicht. Sie deuteten darauf hin, dass es sich um den Ritter der Kelche handeln könnte, eine sehr positive Karte. Der Kelchritter stand für eine fröhlich verliebte Zeit, für Geborgenheit, den sorglosen Frühling einer Beziehung. Er drückte zudem tiefes gegenseitiges Verstehen aus. Doch noch konnte ich mich nicht für Rea freuen. Es gab eine zweite Karte im Tarot, auf der das weiße Pferd zu sehen war, und die bedeutete – den Tod. Ich hatte nur Bruchteile von Sekunden mit diesen Gedanken verbracht, wollte die Karte nun näher betrachten. Und dann – ging alles sehr schnell.

Ein schwarzer Schatten huschte über den Tisch, zerstörte in Windeseile das Bild des Tarot, das bisher entstanden war. Vor Schreck ließ ich sämtliche Karten fallen, die ich in den Händen hielt, auch die für Rea so entscheidende. Entsetzt schaute Rea mich an, doch Zeit für Worte blieb uns nicht.

»Also, Morle, du sollst doch nicht immer …« Überlaut und schrill erklang die Stimme von Frau Gaber, während die Katze nun vom Tisch sprang und sich mitten in den Raum hockte. Geduckt, mit einem leichten Buckel, saß sie da und starrte mich mit funkelnden Augen an. Ein gewaltiger Donner fuhr mir durch Mark und Bein und ließ die Fensterscheiben erzittern. Gleichzeitig war der Raum in ein gleißend helles Licht getaucht. Für einen Moment glaubte ich, Frau Gaber in einer Ecke des Zimmers ausmachen zu können. Sie trug ihre alte Kittelschürze, das graue Haar stand wie so oft zerzaust und ungepflegt um ihren Kopf herum. Ich schaute in Reas vor Panik geweitete Augen und als ich den Blick wieder von ihr abwandte – war alles vorbei.

Es herrschte eine Totenstille im Raum, in dem sich außer mir und Rea niemand befand. Frau Gaber und ihre Katze waren verschwunden, so als hätten sie sich in Luft aufgelöst. Das Gewitter schien sich verzogen zu haben, aus weiter Ferne war nur noch ein leichtes Grollen zu vernehmen. Regen prasselte gegen die Fensterscheiben. Auf dem Tisch zwischen uns – achtundsiebzig Tarot-Karten, das gesamte Deck, wild durcheinander gewirbelt. Irgendwo darunter auch der Ritter der Kelche und der Tod. Ich presste die rechte Hand auf mein pochendes Herz, das ich oben in den Schläfen spürte, und schaute Rea an. »Als du kamst, hast du … die Korridortür …?« »Ich habe sie fest hinter mir verschlossen und verriegelt!« Rea war leichenblass. »Wie konnte das also geschehen, wie konnte diese Katze …« Sie verstummte, starrte gedankenverloren ins Leere, schüttelte dann den Kopf und atmete hörbar aus.

Mit flatternden Fingern griff ich nach den Karten, die auf dem Tisch verstreut waren. Sammelte all die Schwerter und die Kelche und die Münzen ein. Den Gehängten und den – Teufel.

Ich hegte noch immer die Ahnung, dass Reas Zukunft mit ihrem Partner nicht rosig ausgesehen hätte, dass es der Tod gewesen war, den ich in den Händen gehalten hatte, bevor – das alles geschehen war. Doch immerhin hatte ich keine Klarheit darüber erlangen können und es war mir erspart geblieben, Rea verletzen zu müssen.

»Nie wieder!«, sagte Rea leise. »Nie wieder. Es war mir ja von vornherein nicht geheuer!« Sie schaute mich nachdenklich an. »Hast du denn – schon etwas sehen können?«, fragte sie, um dann schnell hinzuzufügen: »Nein, lass, ich möchte es gar nicht wissen!« Sie erhob sich abrupt, um zu gehen.

Ich begleitete Rea bis in den Korridor hinein. Öffnete ihr die Tür, damit sie die Wohnung verlassen konnte. Dann verstaute ich das Tarot-Spiel ganz weit hinten im Schrank, um es nie wieder hervorzuholen.

Die alte Frau Gaber habe ich nicht auf diesen Vorfall angesprochen. So vermag ich auch kaum zu sagen, ob es tatsächlich Morle war, die es an diesem denkwürdigen Abend verhindert hatte, dass Rea und ich unser Spiel zu Ende spielten.

Ob ich Katzen seither lieber mag? – Nun ja!

Bettina Sternberg

wurde am 10. August 1961 in Helmstedt geboren, wo sie noch immer lebt und als Verwaltungsangestellte arbeitet.
In den Jahren 1992 bis 1998 konnte sie zahlreiche Kurzgeschichten in Anthologien (z. B. im Heyne-Verlag/München, Isabel Rox-Verlag/Essen) und Literaturzeitschriften veröffentlichen. Daraus resultierten ca. 50 Autorenlesungen im gesamten Bundesgebiet.
1997 erschien ihre erste Einzelveröffentlichung »Letzte Ausfahrt Helmstedt« im Dead Monkey-Verlag, Berlin.
Nach ihrer Eheschließung im August 2001 legte sie eine »kreative Pause« ein, um ihre Aktivitäten als Autorin erst im vergangenen Jahr wieder aufzunehmen. Sie arbeitet derzeit an einem Roman mit dem Arbeitstitel »Augenlicht«.

BÖSES ERWACHEN

von Ilse Goergen

Yvonne Lapaska wachte auf. Wieder war sie schweiß-
gebadet, wieder hatte sie diesen einen Traum gehabt. Es wollte nicht aufhören, die Bilder drängten
sich immer wieder in ihr Bewusstsein. Immer wieder die gleichen Bilder. Tagsüber konnte sie sie verdrängen, doch nachts nicht. Nachts ergriffen sie Besitz von ihr, wurden zusehends klarer.
Sie wurde von diesen Träumen geweckt. In jeder
Nacht. Versuchte sie abzuschütteln. In jeder Nacht.
In jeder Nacht, seitdem es passiert war.
In jeder Nacht seit – damals.

Dunkle Wolken brauten sich über Trier zusammen.
Anna schaute zum Himmel hinauf und rümpfte die
Nase. Bald würde es dunkel werden. Dann musste
sie nach Hause. So war es mit Mama abgespro-
chen. Es war Herbst, Anfang November, und Anna
nutzte jeden noch vom Sommer übrig gebliebenen
Sonnenstrahl, um den nahe gelegenen Spielplatz
zu besuchen. Bei Einbruch der Dunkelheit musste
sie los, dann war sie pünktlich zum Abendbrot zu

Hause. Ihre Wohnung lag nur fünf Minuten Fußweg vom Spielplatz entfernt. Mit ihrem alten Tretroller war sie sogar noch schneller. Anna war fast
sieben Jahre alt. Der Roller aus Holz war noch ein
Erbstück, mit dem schon ihr Onkel Franz gefahren
war.

Als es nun auch noch zu nieseln begann, zog Anna
sich die Kapuze ihres Anoraks in die Stirn, ließ sich
ein letztes Mal die Röhrenrutsche hinab, schnappte
dann ihren Roller und machte sich auf den Nachhauseweg. Die anderen Kinder waren alle schon
weg. Es bereitete Anna einen Heidenspaß, sich auf
die Tretfläche des Rollers zu setzen und den Fußweg, der zwei Straßen quer miteinander verband,
hinabzusausen.

Yolanda Achenne war wütend. Wütend und enttäuscht, verzweifelt und verletzt – alles gleichzeitig.
Und noch etwas war sie, und das von allem am
meisten: unabdingbar entschlossen. Sie musste herausfinden, wo diese Frau wohnte. Obwohl sie sich
selbst nicht sicher war, was ihr dieses Wissen nüt-
zen sollte. Ihre aufgebrachten Gefühle sagten ihr
einmal, sie solle sie in jedem Fall zur Rede stellen,
ein andermal sagten sie ihr: »Es ist nicht Ihre
Schuld. Er ist dafür verantwortlich.« Dann wollte sie
am liebsten auf der Stelle umkehren und ihm eine
Szene machen.

Aber jetzt, wo sie schon einmal hier war, wollte sie wenigstens herausfinden, wo sie lebte, die Frau, die ihr die große Liebe ausgespannt hatte. Wo er all die angeblichen Überstunden wirklich verbracht hatte. In diesem kleinen Nest nahe Trier war sie vorher noch nie gewesen, und sie fand sich überhaupt nicht zurecht. Yolanda kam aus Luxemburg, aus dem grenznahen Echternach. Gestern erst hatte sie herausgefunden, dass Eugène, ihr Verlobter, sie mit einer Deutschen betrog. Einer jungen deutschen Frau, blond und knackig, die in der gleichen Firma arbeitete wie er. »Scheißgrenzgänger!«, schoss es ihr durch den Kopf, »schnappen uns nicht nur die besten Arbeitsstellen, sondern auch noch die Männer weg!« Sie wusste selbst, wie irrsinnig dieser Gedanke war, und dass es im Grunde nur eine Reaktion auf ihren eigenen ohnmächtigen Zorn war.

Seit der Gewissheit gestern, arbeiteten die Gefühlswallungen in ihr, und sie hatte das Bedürfnis, irgendetwas zu tun. Deshalb war sie hier.

Fast war ihr, als wäre sie durch diese Straße heute bereits zweimal gefahren. Doch sie war sich nicht sicher. Sie hatte seinen Wagen genommen, mit dem sie sich trotz Navigationssystem nicht zurechtfand. Doch damit konnte sie ihn am ehesten treffen, wenn sie mit seinem heiligen Wagen unterwegs war und er nicht wusste, wo sie sich befand. Wutentbrannt war sie am späten Nachmittag nach einer weiteren Szene von seiner Wohnung aus mit quietschenden Reifen gestartet.

Tränen vernebelten ihr zusätzlich den Blick, sollte seine Flamme sie ruhig hier in seinem Auto sehen! Außerdem setzte durch das trübe Herbstwetter heute eine frühe Dämmerung ein.

Yolanda sah sich um. Links von ihr verlief parallel noch eine weitere Straße, die stärker befahren war, das erkannte sie an den vorbeihuschenden Lichtern. In diesem abgelegenen Winkel hier war sie vermutlich gänzlich falsch. Das Kind, das auf seinem Roller hinter einer Baumwand plötzlich aus einem Fußweg herauskam, sah sie viel zu spät.

Kirchgänger, die die Messe um 18.00 Uhr in der St.-Nikolaus-Kirche besuchen wollten, fanden Anna. Sie lag reglos am Bordstein, die Kapuze immer noch tief im Gesicht. Um ihren kleinen Kopf hatte sich eine Pfütze aus Blut gebildet. Ihr Roller lag ein paar Meter entfernt im Graben. Weit und breit war kein Mensch zu sehen. Niemand schien das Unglück bisher bemerkt zu haben, und ganz besonders: niemand schien dabei gewesen zu sein.

Yvonne Lapaskas Atem ging heftig und schwer, und sie beruhigte sich nur langsam. Immer noch hatte sie die gerade im Traum erlebten Bilder vor Augen: Ihr Kind, Anna, wie es mit dem alten Tretroller ihres Bruders den Weg hinabrollt, auf der Trittfläche sitzend, lachend. Und dann, wie sich das Fahrzeug nähert, ein dunkelroter BMW, der zwar kurz bremst, dennoch ihr Kind erfasst, durch die Luft schleudert und dann – nach einer Schrecksekunde – einfach weiterfährt. Eine Frau hatte am Steuer gesessen.

Yvonnes Atem wurde nur langsam ruhiger. Sie fror, griff nach der Bettdecke, die auf den Fußboden gefallen war. Wahrscheinlich hatte sie um sich geschlagen und getreten während des Traumes.

Yvonne hatte solche Träume, seit Anna vor drei Monaten auf dem Nachhauseweg vom Spielplatz ihr Leben verloren hatte.

Yvonne wusste, dass das Lebensglück nicht auf ihrer Seite war. So viel Schmerz hatte sie schon ertragen. Nach Annas Tod wollte auch Yvonne sich vom Leben verabschieden, doch etwas hatte sie davon abgehalten. Noch wusste sie nicht genau, was es war, doch sie ahnte, dass sie noch etwas zu erledigen hatte.

Vor sechseinhalb Jahren hatte das Leben ihr schon den Mann genommen. Eric war im Alter von 33 Jahren einem Krebsleiden erlegen, als Anna gerade 13 Tage alt war. Fast konnte man meinen, dass Eric noch auf das Kind gewartet hatte, bevor er seinen Kampf mit der Krankheit aufgegeben und seine Kräfte ihn verlassen hatten. Ein halbes Jahr vorher, als Yvonne glücklich schwanger und sie beide froh und dankbar über die späte Zeugung des lange ersehnten Kindes waren, wurde bei Eric die todbringende Diagnose gestellt: Bauchspeicheldrüsenkrebs im Endstadium.

Damals hatte nur das Kind Yvonne am Funktionieren gehalten. Es hatte sie gebraucht, und schließlich war Anna die Frucht ihrer Liebe. Durch sie war Eric nie ganz gegangen.

Jetzt hatte das Leben für Yvonne keinen Sinn mehr. Die allnächtlichen Träume erschienen ihr wie Visionen, sie sah manchmal die Bilder so klar, als wäre sie dabei gewesen, hätte den Unfall beobachtet. Ihre Mutter hatte früher oft lachend gesagt: »Yvonne, im Mittelalter hätten sie dich der Hexenverbrennung zugeführt! Du immer mit deinen seltsamen Ahnungen, die dann meist auch noch zutreffen!«

Diesmal versuchte Yvonne jedoch, die quälenden Träume abzuschütteln, sich dagegen zu wehren, doch es gelang ihr einfach nicht.

Und etwas war anders gewesen, dieses Mal, etwas hatte sich in Yvonnes Bewusstsein gedrängt, bevor sie aufgewacht war. Sie versuchte nachzudenken.

Als sie ruhiger wurde, fiel es ihr tatsächlich wieder ein: Der Wagen hatte ein gelbes Nummernschild gehabt. Sie war sich ganz sicher, denn es hatte sich deutlich von dem Rot des BMW abgesetzt. Kein deutsches Kennzeichen also.

Dass es sich bei dem Unfallfahrzeug um einen dunkelroten BMW der 3er oder 5er Reihe handeln musste, wusste Yvonne von der Polizei. Doch einen Hinweis auf das Kennzeichen hatte es bislang nicht gegeben. Für die Polizei hatte schnell festgestanden, dass es einen Unfall mit Fahrerflucht gegeben hatte. Am Roller der Kleinen fanden sich Lackspuren, die ziemlich eindeutig zu einem roten BMW aus den 90er Jahren gehörten. Doch niemand hatte etwas gesehen.

Anna selbst hatte zu dem Vorfall nichts mehr sagen können. Anna war noch an der Unfallstelle verblutet. Hätte man sofort erste Hilfe geleistet, wäre sie aller Wahrscheinlichkeit nach noch am Leben.

Yvonne dämmerte jetzt, dass sie noch eine Aufgabe hatte, bevor sie zu ihrer Familie gehen würde. Ihr wurde plötzlich bewusst, warum sie diese Träume verfolgten. Diese Erkenntnis ließ sie noch ein bisschen ruhiger werden. Bisher hatte sie versucht, die Bilder zu verdrängen, doch sie wusste nun, dass sie sie zulassen musste, um Ruhe zu finden.

Kommissar Becker seufzte, während er seinen Gedanken nachhing: Alle Zeugenaufrufe in der regionalen Presse waren erfolglos geblieben, alle Fahndungshinweise Finten gewesen. 3er und 5er BMW aus den Jahren 91 bis 97 in Calypsorot gab es wie Sand am Meer, man konnte ja nicht einmal die Region eingrenzen, da man kein Nummernschild hatte. Und nun kam Yvonne Lapaska daher und lieferte konkrete Daten: BMW E 36, Modell 325, Baujahr 95, Calypsorot-Metallic, frisch lackiert an Stoßstange und Kotflügel vorne rechts in einer Luxemburger Werkstatt namens »Garage Punessavane«, amtliches Kennzeichen – und jetzt kam es: es war ein Wagen aus dem grenznahen Luxemburg, zugelassen in Grevenmacher auf Eugène Alves, der jedoch, laut Yvonne Lapaskas beharrlicher Aussage, nicht der Unfallfahrer gewesen sein sollte. Genaue Adresse von Fahrzeughalter sowie einer gewissen Yolanda Achenne aus Echternach, der mutmaßlichen Unfallfahrerin, waren ebenfalls angegeben.

Kommissar Becker schüttelte ungläubig den Kopf. Frau Lapaska war sicher durcheinander, was ihr niemand verdenken konnte. Und verzweifelt noch dazu. Dennoch würde er diesen Hinweisen nachgehen müssen, denn der Fluchtfahrer war entkommen, ohne brauchbare Spuren zu hinterlassen.

Als Erstes überprüfte er die Fahrzeugdaten über das von Yvonne Lapaska angegebene Kennzeichen, indem er einen Luxemburger Kollegen anrief. Er staunte nicht schlecht, als dieser im Computer nachsah und ihm bestätigte, dass es sich um authentische Daten handelte, einschließlich der Adresse des Fahrzeughalters. Wie hatte Yvonne Lapaska das herausgefunden?

Immer noch erstaunt hinterfragte Becker alle weiteren Angaben. Ein Kennzeichen mit entsprechenden Daten war natürlich noch kein Beweis. Doch nach allen Hinweisen von Frau Lapaska würden sie sich offiziell mit den Luxemburger Kollegen in Verbindung setzen und gemeinsam weiterforschen müssen.

Wie Yvonne Lapaska ihre Informationen ermittelt hatte, würde für die Polizei ein Rätsel bleiben.

In Yvonne Lapaska war Ruhe eingekehrt. Sie fühlte sich gelassen und leer. Alles war getan, sie konnte gehen. Ein paar unruhige und bewegte Tage nur hatte es sie gekostet, insgesamt nicht einmal zwei volle Wochen, bevor sie zur Polizei hatte gehen können. Sie hatte ihren Visionen freien Lauf gelassen, hatte sich angesehen, was ihr Unterbewusstsein ihr mitteilen wollte, und klare Bilder waren vor ihren Augen entstanden. Klare Bilder, deren Echtheit sie dann sachlich und akribisch genau überprüft hatte. Erst, als kein Zweifel mehr bestand, war sie zur Polizei gegangen, denn wenn sie etwas nicht leiden konnte, dann war es Ungerechtigkeit.

Das hatte sie dann schließlich heute am Nachmittag erledigt, als sie wirklich alle Informationen in trockenen Tüchern hatte. Ruhig und gelassen hatte sie ihre Angaben zu Protokoll gegeben, hatte zur Sicherheit alle Daten noch einmal schriftlich hinterlegt, die sie am Vormittag zu Hause am PC vorbereitet hatte.

Denn für weitere Fragen würde sie nicht mehr zur Verfügung stehen. Dann würde sie bei ihrer Familie sein. Alles Weitere war Sache der Polizei, doch die dürfte es nicht mehr allzu schwer haben, selbst dann nicht, wenn der Lackierer korrupt war.

Es wurde dämmrig an diesem frühen Märzabend. Yvonne hielt ihre Nase in den Wind, es roch herrlich frisch hier oben, der Frühling lag bereits in der Luft. Die Fellerbachtalbrücke war wie gemacht für Yvonnes Vorhaben. Sie breitete beide Arme aus, fühlte sich schwerelos und frei, als sie sprang. Für sie war es kein Sprung in den Tod, nein, es war ein Sprung in die Freiheit, ein Sprung zu Eric und zu Anna.

Ilse Goergen

geboren am 17.01.1972 in Trier, Wohnort: Konz-Könen; Mutter von zwei Kindern (5 und 7 Jahre alt); kfm. Angestellt (halbtags); Hobbyautorin seit zirka 6 Jahren, das Schreiben wurde im Erziehungsurlaub zu einem Ausgleich zum »Nur-Hausfrau-und-Mutter-Dasein«; schreibt zwischenzeitlich vornehmlich Krimis; div. Veröffentlichungen in Anthologien, ein veröffentlichter Roman.

MARKUS AUS KAISERSLAUTERN

von Ludwig Zaccaro

In meiner Jugend, auf meinem Weg nach Indien, waren mir meine Reiseschecks abhanden gekommen und ich irrte durch Rishikesh, eine der sieben heiligen Stätten dieses Landes, auf der Suche nach einem Platz, an dem ich die Zeit, bis meine Ersatzschecks in den USA ausgestellt und nach Indien geschickt waren, ohne Geld überbrücken konnte. Ich wusste, das konnte dauern, denn ich war als Rucksacktourist unterwegs und hatte außerdem meine Schecks in Kabul, der Hauptstadt Afghanistans eingebüßt, ausgerechnet in dem Land, in dem sich eine Art Mafia auf Scheckfälschungen spezialisiert hat.

Schließlich landete ich bei einem Swami, der in einer Schweizer Almhütte, genannt Swiss-Cottage, lebte, welche er von einer Verehrerin aus diesem Land dort hingestellt und geschenkt bekommen hatte.

Aus Dank dafür kümmerte er sich um gestrandete Indienfahrer wie mich. In der Zeit meines damaligen Aufenthaltes war die Zahl seiner Schützlinge auf 15 Personen angewachsen.

Von all den jungen Menschen, die ich dort kennen lernte, ist mir nur noch Markus in Erinnerung geblieben, denn auch seine Geschichte zählt für mich zu den »Magic Indian Stories«, Ereignissen, die mit dem logischen Verstand nicht erklärbar sind.

Markus, ein junger schlaksiger Mann mit strähnigen langen Haaren, hatte von uns allen am wenigsten Gepäck dabei, wenn man einmal von seiner Gitarre und dem dazugehörigen Koffer absah, doch diese war ihm wichtiger als ein warmer Pullover oder gar eine Wetterjacke. Wenn er nun hätte Gitarre spielen können, wäre es ja noch verständlich gewesen, doch er war darin ein blutiger Laie.

»Markus, wie bist du denn darauf gekommen, eine Gitarre bis nach Indien mitzuschleppen?«

»Weil ich immer schon dieses Instrument spielen wollte, bis jetzt aber noch keine Zeit gefunden hatte, es zu lernen. Ich bin mir ganz sicher, dass dies hier in Indien geschehen wird.«

Jeder schüttelte nur den Kopf. Markus übte zwar jeden Tag, aber es klang einfach schauderhaft. Er bekam es gar nicht richtig mit, wie verstimmt seine Gitarre war und wenn, stimmen konnte er sie auch nicht. Hier und da fand sich eine mitfühlende Seele und tat dies für ihn, doch nach einem Tag klang sie wieder wie früher. Die Temperatur in Rishikesh schwankte um 25 Grad zwischen Tag und Nacht, von 10 Grad in den frühen Morgenstunden bis 35 Grad, wenn die Sonne am höchsten stand, echtes kontinentales Klima eben. Außerdem wurde es in der Nacht feucht und so war es kein Wunder, dass sich Markus' Gitarre dauernd verstimmte. Doch das war nicht das Einzige, Markus fehlte ganz einfach das Talent, dieses Instrument autodidaktisch zu lernen. Er hätte einen guten Lehrer gebraucht und einen Gitarrenkurs, um überhaupt Fortschritte zu machen. Wenn er zu spielen versuchte, klang dies, wie wenn ein Kleinkind einfach irgendwie in sein Spielzeuginstrument hineindrischt. Sobald er zu »üben« begann, ergriffen alle die Flucht, doch Markus ließ sich nicht beirren, selbst beißender Spott prallte an ihm ab.

Ansonsten war wenig von ihm zu sehen und zu hören; er war ein sehr introvertierter Mensch, der sich am liebsten mit sich selbst beschäftigte. Er war mit 19 Jahren unser Jüngster und wir fragten uns oft, was ihn zu dieser Reise bewogen hatte. Eines Abends war er gesprächiger als sonst und antwortete auf unsere Fragen:

»Ich bin im Jugendknast gewesen, wegen Drogen. Schon in der Schule habe ich Haschisch geraucht und irgendwann einmal einen größeren Deal machen wollen. Sie haben mich prompt erwischt und weil es 200 Gramm waren, musste ich in den Bau. Dort habe ich einige Bücher über Indien und seine spirituellen Meister gelesen und beschlossen, nach meiner Freilassung dorthin zu fahren. Und das habe ich dann auch tatsächlich getan, obwohl ich so gut wie kein Geld hatte, aber das war mir zum Zeitpunkt meiner Abreise egal. Der Swami hat mich aufgenommen und ich habe letzte Woche meiner Mutter geschrieben und sie gebeten, mir Geld zu schicken, Geld und nicht ein Flugticket nach Hause. Bis jetzt hat sie noch nicht geantwortet.«

So blieb er drei Wochen und wartete. Dann ganz plötzlich packte er mit folgenden Worten all seine Sachen zusammen:

»Ich gehe jetzt in den Himalaya, meinen Meister suchen. Ich möchte sein Schüler werden und so lange bei ihm bleiben, bis ich die Erleuchtung erlangt habe.«

Er brach tatsächlich auf. Es vergingen 14 Tage, ohne dass wir etwas von ihm hörten.

Dann, eines Nachts, wir saßen noch um das erlöschende Feuer unserer Kochstelle, sah ich plötzlich einen langen Schatten auf uns zukommen. Beim Näherkommen entpuppte es sich als ein ausgestreckter Arm und eine Gitarre. Es war Markus. Wir erkannten ihn fast nicht wieder. Sein Kopf war geschoren, bis auf eine Strähne an seiner Fontanelle, und er trug das orange Gewand eines Gottessuchers.

Nun, ich muss dazu erklären, dass viele Inder so herumlaufen; der geschorene Kopf sagt aus, dass sie sich jeglicher weltlicher Genüsse enthalten und die Strähne zeigt der Seele in der Stunde des Todes, wo sie den Körper verlassen soll. Es ist der gleiche Punkt, an dem sie bei der Zeugung eintritt und es ist der Punkt am Hinterkopf, an dem bei einem

Neugeborenen, die ersten Wochen nach der Geburt, der Schädel noch nicht ganz geschlossen ist. Markus setzte sich ohne Gruß zu uns, nahm seine Gitarre in die Hand und begann zu spielen. Wir konnten es alle nicht fassen. Ein Virtuose gab uns ein Konzert. Er spielte alles von Jimi Hendrix über klassische Musik bis hin zu spanischen Gitarrenstücken und er schien völlig entrückt, wie in Trance in einer anderen Welt. Sein Konzert dauerte die ganze Nacht und es war unbeschreiblich schön und ergreifend. Erst bei Morgengrauen legte er seine Gitarre beiseite und dann brach ein Sturm von Fragen auf ihn ein.

»Ich habe euch doch gesagt, dass ich hier in Indien das Gitarrespielen lernen werde. Keiner von euch hat mir geglaubt, doch ich wusste es.«

»Markus, was ist mit dir passiert? Erzähle uns genauer, wie du das Gitarrespielen gelernt hast. Wenn wir dich nicht selbst hätten spielen hören, keiner von uns hätte es geglaubt.«

Und dann kam eine wunderliche Geschichte, die ihm keiner abgenommen hätte, wären wir nicht mit dem Ergebnis konfrontiert worden.

»Ich ging den Ganges entlang, schlug mich durch das Gebüsch, fand einen Weg und verlor ihn wieder. Am zweiten Tage sah ich in der Abenddämmerung eine kleine Insel in der Mitte des Flusses. Am

Ufer war ein guter Platz zum Nächtigen und ich legte mich in meinen Schlafsack, doch ich konnte nicht schlafen. Der Vollmond kam hinter den Bergen hervor und erzeugte eine gespenstische Stimmung. Da hörte ich plötzlich eine Stimme, die mich aufforderte, mich nackt auszuziehen und zur Insel zu schwimmen. Ich tat dies. Das Wasser war angenehm warm, doch als ich an Land ging, begann ich zu frösteln. Jedoch ich kümmerte mich nicht darum. Nackt und barfuß ging ich durch das Gestrüpp und landete an einer großen Höhle, vor der ein Yogi im Lotussitz saß und tief in Meditation versunken war. Ein alter Mann mit langen schwarzen Haaren, nur mit einem Lendentuch bekleidet. Es war ein wundervoller Anblick und ich fühlte mich so voller Glück und Frieden, wie nie zuvor in meinem Leben. Ganz ruhig setzte ich mich in seine Nähe und versuchte auch zu meditieren. Doch mir war kalt und meine Beine und besonders die Fußsohlen brannten von den Nesseln, die ich auf dem Weg hierher durchquert hatte.

Ich wurde unruhig und bewegte mich, da schlug der Yogi seine Augen auf und musterte mich unwillig. Plötzlich stand er auf, ging in seine Höhle. Ich wartete still und geduldig. Er setzte sich wieder schweigend an seinen Platz, schlug die Beine übereinander und schloss die Augen. Ich wusste nicht, was tun und blieb sitzen.

Nach einer Weile musste ich meine Sitzhaltung verändern, denn ich war es nicht gewohnt, still und ohne Bewegung längere Zeit zu verharren. Es raschelte dadurch und der alte Mann öffnete wieder seine Augen und sagte urplötzlich auf Englisch: ›Go away‹, und kehrte sofort wieder in seinen Zustand völliger Entrücktheit zurück.

Doch ich war nicht gewillt, zu weichen. Ich dachte an mein Leben und die vielen schmerzlichen Erfahrungen, die ich schon machen musste, wie oft ich schon dieses ›Go away‹ zu spüren bekommen hatte und plötzlich überkam mich ein starker Gefühlsausbruch. Leise begann ich vor mich hinzuweinen.

Als ich dem Ruf, zu dieser Insel zu schwimmen, folgte, war ich mir sicher, dass dort etwas ganz Entscheidendes für mein Leben geschehen würde und jetzt wurde ich einfach nur weggeschickt. Ein tiefer Schmerz kroch über meine Seele.

Zum dritten Mal öffnete der seltsame Asket seine Augen, musterte mich, der ich, von tiefer Trauer überwältigt, neben ihm saß.

›What do you want?‹

Ich war völlig überrascht von dieser Frage.

›What do you want?‹, fragte er mich zum zweiten Mal, und ich schwieg immer noch. Sollte ich einen Wunsch äußern, wie im Märchen, wenn die berühmte Fee erscheint, oder was meinte er wirklich mit dieser Frage? Vielleicht war er einfach nur unwillig und fühlte sich durch mich gestört.

Da hörte ich ein drittes Mal die Frage, diesmal mit Nachdruck und lauter Stimme.

Ich überlegte ganz kurz und dann brach es aus mir heraus: ›Ich möchte Gitarre spielen können!‹
›Schwimm zurück, dorthin, von wo du gekommen bist. Dein Wunsch sei dir erfüllt.‹
Ich schwamm voller Ungeduld zurück und siehe da, es stimmte. Ich konnte Gitarre spielen.
Und deshalb bin ich noch einmal gekommen, um euch dies zu demonstrieren. Doch es ist das letzte Mal. Heute noch werde ich in die Berge aufbrechen und mir weit entfernt von jeder Zivilisation eine Höhle suchen und dort meditierend den Rest meines Lebens verbringen.«

Er verließ uns tatsächlich noch am gleichen Tag und wir sahen ihn nie wieder.
Ob er wohl glücklich geworden ist?

Die wundersame Geschichte von Markus griff in Freakkreisen wie ein Lauffeuer um sich. Hunderte liefen den Ganges stromaufwärts, auch ich, kämpften sich durch dichtes Gebüsch, verhedderten sich in Lianen, die sich an den Fußgelenken einschnitten, und zerrissen sich die Kleidung an den Dornen im Untergehölz, doch keiner fand die Insel und den heiligen Mann, durch den Markus' sehnlichster Wunsch erfüllt wurde.

Ludwig Zaccaro

Ludwig Zaccaro, geb. 1948 in Oberbayern ist NLP-Practitioner und Mentaltrainer. Er gibt Kurse in München und Umgebung. Desgleichen ist er auch als freier Schriftsteller sowie in der Behinderten- und Seniorenarbeit tätig. Sein Buch: achava − Wir kommen wieder, eine deutsche Aussteigerstory, wurde im Magic Buchverlag veröffentlicht.

ERINNERUNG

von Anita Römgens

Schon wieder stand ich auf dem Friedhof.

»Wie komme ich nur hierher?«, fragte ich mich.

Langsam schritt ich die Wege entlang. Die aneinander gereihten Grabsteine schienen kein Ende zu nehmen. Mein Blick schweifte von einem zum anderen, doch nichts kam mir bekannt vor. Der Friedhof wirkte alt, die Grabsteine verwittert. Das war seltsam, in Deutschland fand man kaum noch alte Grabstätten. Die ganze Szenerie verwirrte mich immer mehr. Mein Kopf schmerzte, wahrscheinlich eine Grippe. Ich konnte keinen klaren Gedanken fassen, mich nicht konzentrieren. Meine Beine waren durchgefroren, ich bibberte bereits. »Am besten kehre ich nach Hause ins Warme zurück«, überlegte ich.

Trotzdem konnte ich mich nicht entschließen zu gehen. Um mich auszuruhen, setzte ich mich auf eine Bank, die Hände tief in meinen Taschen vergraben und schuffelte mit den Füßen im Laub herum.

»Ihh, was ist das?« Eine tote Maus! Wie passend zu dieser ganzen deprimierenden Umgebung. »Wann wird es nur endlich wieder Frühling?«, fragte ich mich. Der Winter dauerte doch schon lange genug.

Nicht nur, dass es kalt war, nein, es musste auch noch feucht sein. Meine Lungen schmerzten beim Einatmen der eisigen Luft.

»Darf ich mich setzen?«
Eine Stimme schreckte mich aus meinen Gedanken. Ich schaute auf. Vor mir stand ein älterer Herr, an einer Leine ein kleiner Dackel.
»Natürlich dürfen Sie.« Dabei zog ich mal wieder meine Nase hoch, die Hände zu klamm, um nach einem Taschentuch zu greifen. Mein ganzer Körper zitterte, da ein kalter Luftzug mich berührte.
»Ziemlich unerfreuliches Wetter heute, oder?«, fragte mich der ältere Herr.
Ich hob nur die Achseln. Meine Laune war wirklich schlecht und ich hatte keine Lust auf eine Unterhaltung. Insbesondere war ich nicht darauf aus, belanglose Höflichkeiten mit einem Fremden auszutauschen. Ich starrte weiterhin die tote Maus an. Sie hatte eine gewisse morbide Faszination für mich, wie sie halb mumifiziert, halb verrottet in ihrem Grab aus totem Laub lag.
Der alte Mann schien meinen Wink mit dem Zaunpfahl zu verstehen und ließ mich in Ruhe weiter grübeln. Ich bemerkte kaum wie er aufstand und den Friedhof verließ.

Zwei Tage später stand ich wieder auf dem Friedhof. Diesmal war das Wetter unwesentlich besser. Nicht mehr nass, nur noch kalt. Meine Nase lief immer noch und meine Füße waren tiefgefroren. Obwohl ich am liebsten zu Hause wäre, setzte ich mich auf die gleiche Bank wie Tage zuvor. Um nicht weiter über mein eigenes Handeln nachzugrübeln, versuchte ich mich abzulenken und an etwas anderes zu denken.

»Ob die Vögel schon aus ihrem Winterquartier zurück sind?« Zwar flatterten einige herum, aber ob es Zugvögel waren oder welche, die hier überwinterten, das konnte ich nicht sagen. Ich hoffte auf Zugvögel und damit auf besseres Wetter.

»Oh, hallo. Sie sind heute auch wieder hier?«
Ich schaute zu einem freundlichen, von der Kälte geröteten Gesicht hoch. Der ältere Herr lächelte mich an, obwohl ich vor zwei Tagen noch so unfreundlich zu ihm war.
Irgendwie wirkte sein Gesicht unheimlich familiär. Ich betrachtete ihn näher, konnte aber nichts Ungewöhnliches feststellen. Nur ein netter älterer Herr, wie Dutzende andere seiner Generation. Fast bekam ich wegen meiner Schroffheit, die ich beim letzten Zusammentreffen an den Tag legte, ein schlechtes Gewissen. Normalerweise bin ich gegenüber meinen Mitmenschen, insbesondere älteren, nicht so unfreundlich. Ich zeigte auf den Platz neben mir. »Setzen Sie sich doch!« forderte ich ihn auf.
Dankbar nahm der ältere Herr an.
»Kommen Sie öfters hierher?«, fragte er mich.

Verzweifelt suchte ich eine ausweichende Antwort, da mir immer noch nicht so ganz klar war, was ich hier eigentlich trieb. »Ja, ich bin öfters hier. Mir gefällt die Stille. Ansonsten ist es in der Stadt so hektisch.« Was für eine lahme Ausrede!

»Ach, die meisten Menschen mögen Friedhöfe nicht.«

Was sollte ich dazu nur sagen, außer dass ich sie auch nicht mochte?

Armer alter Mann, wahrscheinlich war er ganz alleine. Suchte nur jemanden, um ein kleines Schwätzchen zu halten. Es würde mich wirklich nicht umbringen, eine kurze Unterhaltung mit ihm zu führen. Der Dackel schnupperte an meiner Hose. Ich hielt ihm meine Hand hin und streichelte seinen Kopf.

»Einen netten Hund haben Sie. Wie heißt er?«, fragte ich den Mann.

»Ach, das ist der Friedel. Lassen Sie sich nicht täuschen, er ist ein richtiger Frechdachs.«

»Kann ich kaum glauben«, entgegnete ich, »die meisten Dackel, die ich kenne, kläffen herum und reißen an der Leine. Ihrer sieht dagegen sehr friedfertig aus.«

Erfreut einen willigen Zuhörer gefunden zu haben, erzählte mir der ältere Herr mehr von seinem Hund. Seltsamerweise langweilte ich mich überhaupt nicht.

Von da an sah ich jeden Tag Moritz, so hieß der ältere Herr, mit seinem Hund. Ich freute mich sogar auf die beiden, weil ich mich in der letzten Zeit sehr

einsam fühlte. Komisch, da ich doch einen sehr großen Freundeskreis und viele Verwandte hatte. Doch
sobald ich mich versuchte auf meine Lieben zu
konzentrieren, bekam ich wieder heftige Kopfschmerzen. Die Grippe schien doch noch nicht ausgeheilt
zu sein. Meine Erinnerungen wirkten irgendwie ne-
bulös, sobald ich einen Gedanken greifen wollte,
verschwand er auch wieder. Allerdings hatte ich
auch keine Lust, wieder Trübsal zu blasen und beschloss, nicht weiter darüber nachzudenken. Irgendwann würde diese Grippe wohl vorbei sein und alles um mich herum würde wieder klarer werden.

Ich stellte trotz des Altersunterschiedes einige Ge-
meinsamkeiten mit dem alten Mann fest. Moritz
liebte genauso wie ich Tiere. Auch er war auf einem
Bauernhof groß geworden. Gerne hörte ich ihm zu,
wenn er in seinen Erinnerungen kramte. Jeden Tag
brachte Moritz Brotkrumen für die Vögel und Eich-
hörnchen mit. Eigentlich wollte ich auch ›Leckerlis‹
für Friedel mitbringen, doch irgendwie vergaß ich
es jeden Tag aufs Neue. »Wird wohl das Alter sein«,
dachte ich schmunzelnd bei mir. »Ich werde immer
vergesslicher. Alzheimer schon in so jungen Jahren.«

Endlich kehrte auch der Frühling wieder ein. Die
ersten Narzissen blühten auf den Gräbern und der
ganze Ort wirkte nicht mehr so finster und verlassen. Sogar Schwalben hatte ich schon gesehen.
Auch Moritz wirkte aufgekratzter als sonst.

»In diesen Tagen vermisse ich wirklich den Bauernhof«, erzählte er mir.

Ich konnte ihm da nur zustimmen. »Jetzt wäre die Zeit, dass die Tiere Jungen bekommen.«

»Ich mochte immer die Lämmer am liebsten. Ich konnte stundenlang zusehen, wenn sie auf der Weide ihre Kapriolen schlugen.«

»Ich bin mehr ein Hummel-Freund.«

Moritz schaute mich schmunzelnd an. »Darauf werden Sie aber noch einige Monate warten müssen. Hummeln gibt es so früh im Jahr noch nicht.«

Ich lächelte vor mich hin, als ich an den Frühling dachte. Unerwartet ernst fragte Moritz mich: »Haben Sie eigentlich Angst vor dem Tod?«

Die Frage schien irgendwie angemessen. Mein Blick schweifte über die Gräber. Trotz der Frühlingsblumen und des Gezwitschers, es war immer noch ein Ort des Todes und der Trauer.

Hatte ich Angst?

»Ja, natürlich«, sagte ich nickend.

»Ich nicht«, fuhr er fort. »Ich denke, der Tod ist eine Befreiung. Man ist wieder mit den verstorbenen Menschen zusammen, die man liebt.«

Ich sah ihm ins Gesicht. »Ich glaube nicht an ein Leben nach dem Tod.«

»Warum nicht?«

Ich zuckte mit den Schultern. »Ich weiß nicht. Ich bin nicht sehr gläubig. Und die Geschichten von Himmel und Hölle kommen mir naiv vor.«

»Ist das nicht ziemlich zynisch?«

»Moritz, Sie können sich gar nicht vorstellen, wie oft ich mir gewünscht habe, an Gott glauben zu können. Wie viel einfacher alles wäre, wenn ich wüsste, dass nach dem Tod etwas käme.«

»Was ist, wenn wir die Schwelle überschreiten, weiß niemand. Aber wovor haben Sie Angst, wenn Sie nicht an Himmel und Hölle glauben?«

»Gerade das jagt mir Furcht ein. Ich glaube, wenn man tot ist, ist man tot. Danach kommt nur das große schwarze Nichts. Alles, was mich ausmacht, meine Persönlichkeit, mein Wesen, wäre ausgelöscht.«

»Das würde mir auch Angst machen«, sagte Moritz nachdenklich.

Nachdem wir einige Zeit schweigend auf der Bank gesessen hatten, tätschelte mir Moritz den Arm.

»Wissen Sie was, wir sollten uns keine Sorgen machen, wir liegen noch früh genug in der Kiste. Ändern lässt es sich sowieso nicht. Lassen Sie uns den Frühling genießen.«

Wer könnte dem widersprechen?

Das schöne Wetter hielt noch einige Zeit an. Ich genoss es regelrecht. Mein Gesicht müsste schon richtig gebräunt sein, so ausgiebig saß ich in der Sonne. Wie lange war es eigentlich her, dass ich mich aufmerksam in einem Spiegel betrachtet habe? Keine Ahnung. Doch warum sollte ich mir weitere Gedanken machen, wo das Leben einmal so glatt und unbeschwert lief.

Moritz erzählte mir bei jedem seiner Besuche die neuesten Streiche von seinem Dackel. Ich wurde es nie überdrüssig, dem alten Herrn zuzuhören, da er sehr spannend erzählen konnte. Sein ganzes Wesen war so positiv, dass er meine schlechte Laune restlos vertrieb. So fieberte ich normalerweise der Zeit, in der Moritz für gewöhnlich auftauchte, entgegen.

Leider schlug das Wetter im April wieder um. Meine Grippe kehrte mit voller Wucht zurück. Mir ging es so schlecht, dass mich selbst der Gedanke an Moritz' Besuch nicht mehr aufheitern konnte. Meine Stimmung war bedrückt und ein schwerer Husten quälte mich. Am liebsten hätte ich mich in eine dunkle Höhle verkrochen. »Wahrscheinlich wird Moritz heute sowieso nicht kommen, wer außer mir ist schon so verrückt, bei diesem Nebel über den Friedhof zu wandern?«, dachte ich bei mir, während ich missmutig über das Gelände streifte und Steine mit den Füßen kickte. Langsam krochen auch wieder meine depressiven Gedanken in mir hoch. »Was suche ich nur immer wieder auf diesem Friedhof?« Ich hob den Kopf und schaute mich intensiv um. Doch nichts gab mir eine Antwort auf meine Fragen. Ich war gerade am südlichen Ende, als ich eine gebückte Gestalt mit einem kleinen Hund sah.
»Moritz!«, rief ich glücklich und winkte. Obwohl ich eben noch die ganze Welt hasste, freute ich mich, in diesem Moment den alten Mann zu sehen.

Moritz schien mein Rufen nicht zu hören, als er sich weiter von mir entfernte. Er schlug die Richtung zu »unserer Bank« ein. Aus einiger Entfernung folgte ich ihm. Leider war ich auch nicht die Schnellste, was an meiner Kurzatmigkeit und den Hustenanfällen lag. Außerdem wäre es unnötig zu rennen, da Moritz bestimmt ein oder zwei Minuten auf mich warten würde und sich nicht direkt wieder umdrehte, wenn ich nicht an unserem Treffpunkt war. Tatsächlich sah ich ihn, wie er sich mit dem Rücken zu mir hinsetzte. Doch dann hörte ich seine Stimme und blieb stehen. Vielleicht hatte er ja einen anderen Bekannten getroffen. Ich wollte mich nicht aufdrängen und blieb in einiger Entfernung stehen.

»Hallo, kleine Schwester, da bin ich wieder«, hörte ich ihn sagen. »Ich weiß, ich weiß, dass du älter bist als ich«, seufzte er.
Ich verrenkte meinen Hals, konnte aber nicht erkennen, mit wem er da redete. Eine Schwester hatte Moritz vorher noch nie erwähnt. Friedel schnupperte wie immer am Boden herum.
»Man sagt, wenn man jung stirbt, bleibt man in den Gedanken der Zurückgebliebenen immer jung«, führte Moritz seinen seltsamen Monolog fort. »Für mich bist du deswegen allezeit meine kleine Schwester, die immer 15 bleibt und hübsch. Leider kann ich mich kaum noch an dich erinnern. Ich war ja erst fünf, als du diese schreckliche Lungenentzündung bekamst.«

89

Ich spürte die Traurigkeit in seiner Stimme. Es war wohl sehr unsensibel von mir, nicht zu fragen, warum er eigentlich jeden Tag den Friedhof besuchte. Aber ich hatte auch Angst vor der Gegenfrage, die unweigerlich käme und auf die ich auch nach den langen Monaten keine Antwort wusste.

»Ich hätte dich auch schon viel früher besucht«, erklärte Moritz weiter, »doch ich bin ja erst Anfang Februar in die Stadt gezogen. Konnte den Hof unserer Eltern nicht mehr weiterführen. Ich werde schließlich auch alt. Aber das Heim, in dem ich lebe, ist sehr schön. Ich konnte sogar Friedel mitnehmen.«

Friedel schaute auf, als er seinen Namen hörte und wedelte mit seinem Schwanz. Moritz beugte sich herunter und kraulte die Ohren des Hundes. Eigentlich sollte ich mich umdrehen, da es mir unhöflich erschien, den alten Mann in diesem privaten Moment zu belauschen. Doch ich blieb wie gebannt stehen.

»Du musst dich einsam gefühlt haben in den letzten Jahren«, fuhr er fort, »seitdem Mama und Papa nicht mehr sind. Die letzten Jahre sind die beiden ja auch nicht mehr so fit gewesen und haben dich kaum noch besucht. Du weißt gar nicht, wie traurig Mutter war, dass sie die Pflege für dein Grab einem Fremden überlassen musste. Bis zu ihrem Tod, das ist nun auch schon fast dreißig Jahre her, hat sie jeden Sonntag eine Kerze für dich in der Kirche angezündet. Doch jetzt bist du nicht mehr alleine, ich werde dich jeden Tag besuchen.«

Ein Schmerz fuhr durch meine Brust, als Moritz von seinen Eltern sprach. Kurz flackerte das Bild einer hübschen rothaarigen Frau in meinem Gedächtnis auf. »So ein Quatsch«, schalt ich mich, »ich kenne seine Eltern ja gar nicht.« Doch das ungute Gefühl blieb.

»Übrigens, ich habe dir Neues von Friedel zu erzählen.« Ich lächelte vor mich hin. Der Hund war wirklich für Moritz sein Ein und Alles. Doch mein Gesicht wurde wieder ernst. Eigentlich ist es traurig, wenn einem Menschen nichts anderes mehr bleibt als sein Hund. »Er hat heute Morgen mal wieder die Nachbarskatze gejagt.« Oh ja, die Nachbarskatze und Friedel waren ein Fall für sich.

»Dieses blöde schwarze Biest. Kann es nicht sein lassen, jedes Mal Friedel anzufauchen, wenn wir am Grundstück der Beiers vorbeigehen. Heute hat Friedel sich losgerissen und das Mistvieh gejagt, quer durch deren Garten. Meine Güte, hat Frau Beiers sich aufgeregt. Mit einem Besen kam sie raus. Wollte Friedel eins auf den Hintern geben. Doch ich habe ihr mit der Polizei gedroht. Verklagen werde ich sie, wegen Tierquälerei, wenn sie dem Friedel was tut. Dabei hat sie ja eigentlich Recht, der Schlingel hat das ganze Blumenbeet auf seiner Jagd umgegraben. Doch von Schlägen halte ich nichts. Habe noch nie etwas davon gehalten.«

Langsam wurde es in meinem Versteck schon etwas ungemütlich. Ich überlegte, ob ich nun doch auf mich aufmerksam machen oder mich doch besser umdrehen und verschwinden sollte. Schließlich würde ich Moritz morgen wieder sehen. Doch die Sache schien sich von alleine zu erledigen. Moritz machte sich zum Gehen bereit. Er faltete die Papiertüte, in der er die Krumen für die Vögel aufbewahrt, stand auf und strich sich seine Kleider glatt.

»Komm, Friedel, wir gehen. Auf Wiedersehen, kleine Schwester. Heute ist der Besuch mal ein wenig kürzer. Aber es ist zu kalt und mir tun schon die alten Knochen weh. Wir sehen uns ja morgen.« Damit nahm er seinen Spazierstock und ging langsam wieder in Richtung Ausgang.

Ich verharrte noch eine Weile nachdenklich im Gebüsch, bis Moritz ganz im Nebel verschwunden war. »Ein armer alter Kautz, so wenig ist ihm geblieben. Wie ich wohl in seinem Alter sein werde?«

Ich ging wieder Richtung Bank und setzte mich. Mein Blick schweifte über die Grabsteine. Ich starrte auf den Grabstein, zu dem Moritz die ganze Zeit gesprochen hatte. Mir verschlug es den Atem, als ich meinen Namen las.

Anita Römgens

verfasst hauptsächlich humoristische Kurzgeschichten. Seit Februar 2004 schreibt sie wieder regelmäßig und hat einige ihrer Geschichten in Anthologien und Zeitschriften veröffentlicht. Unter anderem erhielt erst kürzlich ihre Kurzgeschichte »Der Prinz« den dritten Platz bei der Meerbuscher Liebeslesenacht. Ausgeschrieben wurde dieser Preis von Delia (Vereinigung deutschsprachiger Liebesroman-Autoren) und dem Extra-Tipp.

DAS ZWEITE GEHÖR

von Alexa Testa

Seit heute Morgen ist dieser Schmerz wieder da, in seinem Kopf, im Hirn, überall in ihm, macht ihn komplett blöd. Nun ist er schon zum dritten Mal in den letzten zwei Wochen mit diesen wütenden Kopfschmerzen aufgewacht. Auch die eingebildeten Gerüche – er glaubt, Angebranntes zu riechen – sind wieder da. Obwohl er weiß, dass das nichts ausrichtet gegen diesen Wahnsinn, presst er die Fäuste so fest an die Schläfen, wie er kann. Massieren der Nasenwurzel, nasse Tücher auflegen und sonstige mütterliche Hausmittelchen helfen nicht die Bohne, machen alles nur noch schlimmer. Er hat Angst, fühlt sich todkrank, möchte am liebsten sterben.

Hab ich vielleicht einen Gehirntumor oder so was? Ich bin erst 17, das kann doch nicht sein, Herrgott noch mal.

Die Gerüche aus der Küche verursachen ihm Brechreiz. Unter seiner Zunge sammelt sich Speichel, er verharrt kurz über dem Waschbecken, schluckt.

Oh Gott, ist mir kotzübel!

Diese Schmerzanfälle haben sich in den letzten Monaten wiederholt, kommen immer wieder und in immer kürzeren Abständen.

Verdammte Scheiße, ich halte das Gedröhne nicht mehr aus!

Wie gern würde er zurück in sein Bett kriechen, im verdunkelten Raum versuchen, mit der Übelkeit und den Schmerzen fertig zu werden, vielleicht einschlafen zu können. Doch er hält das besorgte Getue seiner Mutter nicht aus, die es nicht lassen kann, ihn wie eine Gluckhenne zu betüteln, ständig zu fragen, ob es noch immer so schlimm sei und ihm keine Ruhe lässt.

Für heute hat sie ihm einen Termin beim Neurologen, einem Freund der Familie, organisiert. Also muss er sowieso aus dem Haus. Da geht er lieber vorher zur Schule, vielleicht tut ihm frische Luft und etwas Bewegung auf dem Schulweg gut.

Mit bleichem Gesicht betritt er vorsichtig das Klassenzimmer. Die Schmerzen dröhnen in seinem Kopf wie die Schläge eines Vorschlaghammers. Er hat das Gefühl, als würde eine eiserne Faust sein Gehirn auspressen wie eine reife Zitrone.

Das Neonlicht ist unerträglich, macht den Wahnsinn noch schlimmer. Nach der ersten Stunde hält er es nicht mehr aus, das Gequatsche seiner Mitschüler wummert überlaut in seinen Ohren. Er muss raus!

Jede Erschütterung vermeidend, verlässt er langsam die Klasse, durchquert den langen Gang, in dem es nach angebrannter Kohlsuppe stinkt, und schlüpft in den leeren Chemiesaal. Dort schaut er sich kurz um, verzieht sich in die Lehrmittelkammer und schließt die Tür ab. In der Dunkelheit des winzigen, stickigen Raumes hockt er sich in eine Ecke, kämpft gegen das aufsteigende Würgen im Hals an.

Was, wenn das so bleibt? Wenn das immer wieder kommt? Dann kann ich mich gleich aufhängen, das pack ich einfach nicht!

Tränen steigen ihm in die Augen, Tränen der Hilflosigkeit, der Angst, der Verzweiflung. Hier kann er sich endlich gehen lassen, keiner kann ihn sehen oder hören und niemand schaut ihm besorgt ins Gesicht.

Er schlägt den Hinterkopf rhythmisch gegen die Wand in dem wahnwitzigen Versuch, Schmerz mit Schmerz zu vertreiben. Eine Welle der Übelkeit überschwemmt ihn erneut.

Mein Gott, nur jetzt nicht kotzen müssen. Wie ich das hasse! Lieber Gott, hilf mir doch!

Da vernimmt er durch die geschlossene Tür, wie jemand den Chemiesaal betritt. Es müssen zwei Personen sein. Er hört ein Flüstern, kann aber die Worte nicht verstehen, eine Mädchenstimme kichert. Mit angehaltenem Atem lauscht er angestrengt, wagt keine Bewegung. In seinem gequälten Kopf dreht sich eine Zentrifuge.

Wer ist das? Verdammt, ich will meine Ruhe haben! Die werden mich doch hier nicht suchen, diese Idioten?

Das Hämmern in seinem Schädel bringt ihn fast um den Verstand.

Der Richtung der Stimmen nach zu urteilen befinden sich die beiden hinter dem breiten Vortragspult.

Die Mädchenstimme wird lauter: »Nicht, lass das!«
Nun hört er auch die zweite Person.

Eine Männerstimme, drängend und ungeduldig: »Stell dich nicht so an! Du bist doch mitgegangen, was glaubst du denn, wozu wir hierher gekommen sind?«

»He!«

»Na, komm schon! Du weißt doch, dass ich schon lange heiß auf dich bin.«

Er kann hören, wie sich ein Handgemenge zwischen den beiden entwickelt.

Verschwindet hier! Macht euren Scheiß anderswo!

Das Mädchen klingt bittend: »Lass mich gehen! Ich will das nicht!«

Dann schriller, schnelle Bewegungen, hastiges Atmen: »Hör auf! Lass das! Ich werd dich anzeigen, du Schwein!«

»Du dreckige Schlampe, du willst es doch auch! Jetzt hab dich nicht so!«

Ein lautes »Hilfe, i…«, dann geht ihre Stimme in ein Gurgeln über, schweres Schnaufen, Scharren von Füßen über den Boden, verzweifeltes Trommeln von Fersen gegen das Vortragspult, Reißen von Stoff.

Die Bewegungen werden schwächer, verebben nach einer Ewigkeit gänzlich. Der Mann keucht wie nach einem anstrengenden Lauf.

Wieder Stoffrascheln, dann undefinierbare Geräusche, rhythmisches Stöhnen, immer lauter, ein Grunzen. Dann hastiges »Genestel«, rasche Schritte zum Ausgang. Tür auf, Tür zu, Stille.

Oh du heilige Scheiße, das kann doch nicht wahr sein! Die Knie schlottern, Schweiß rinnt aus seinen Achselhöhlen die Rippen herunter, seine Eingeweide krampfen sich zusammen.

Gleich muss ich kotzen. Denk nach! Das war ein Mord, was du da gehört hast! Da draußen liegt ein totes Mädchen. Nur nicht die Tür öffnen!

Er möchte sich in einer Ecke zusammenrollen und heulen wie ein Tier. Aber er will weg, muss zum Arzt, muss durch diese Tür. Seine fahrige Hand tastet nach der Klinke, die Tür geht auf.

Doch da ist nichts! Keine Leiche, keine Menschenseele, der Chemiesaal ist leer!

Himmel, was war das nur? Ich hab es doch ganz deutlich gehört. Er hat sie erwürgt, vergewaltigt. Das kann ich mir doch nicht alles eingebildet haben, oder werde ich schon verrückt?

Ein Blick auf die Uhr, elf durch. Sein Arzttermin ist in einer knappen Stunde.

Hoffentlich kann mir der Doc das erklären. Kann man von diesen verdammten Kopfschmerzen Halluzinationen bekommen?

Wie ein angeschlagener Boxer schüttelt er den Kopf, verlässt fluchtartig den Chemiesaal, macht sich auf den Weg zum Neurologen.

Wenn der mir nicht hilft, dreh ich durch!

Kaum ist er aus dem Haus, rennt er hinter die Buchsbaumhecke und übergibt sich. Bittere Galle würgt er heraus, aber nun ist wenigstens dieser ekelhafte Brechreiz weg. Sein Hirn scheint sich langsam aufzulösen.

Der Arzt nimmt ihn sofort dran. Er gibt ihm eine Spritze und die Schmerzen lassen fast augenblicklich nach. Nach einigen vagen Erklärungen des Neurologen, dass Halluzinationen bei Migräne schon vorkämen, lässt er sich von der Ordinationshilfe einen späteren Termin zum EEG geben. Im Café gegenüber trinkt er einen schwarzen Kaffee und grübelt über das, was er im Chemiesaal gehört zu haben glaubte, nach.
Halluzinationen also. Na ja, wenn das vorkommt … Langsam beruhigt er sich.

Am Nachmittag nähert er sich wieder dem Schulgebäude. Von weitem schon erkennt er Polizeiautos, Sanitäter, Absperrungen, Menschenansammlungen. Langsam und voll banger Ahnungen wagt er sich näher heran.
»Was ist denn da passiert?«, fragt er einen der herumstehenden Mitschüler.
»Die Kerstin ist tot. Vor einer halben Stunde hat man sie gefunden, im Chemiesaal. Erwürgt, vergewaltigt. Es muss um Mittag herum passiert sein, sagen die Bullen. Wo kommst denn du her?«
»Vom Arzt …«

Die Spritze hat ihn benommen gemacht. Er kann kaum richtig begreifen, was sein Kumpel da erzählt. Der Schreck zieht alles Blut aus seinem Jungengesicht. Das Herz beginnt zu rasen, als wollte es aus seinem Körper fliehen.

Scheiße noch mal, was geht da vor? Kann man in die Zukunft hören, oder wie man das nennt? So was gibt's doch überhaupt nicht! Ich muss noch mal mit dem Arzt reden. Vielleicht kann der mir etwas gegen mein »zweites Gehör« geben, so sagt man doch zu diesem Scheiß, oder?

Dann dreht er sich wortlos um und geht langsam davon. Weg von der Schule, weg von diesem unbegreiflichen Irrsinn. Nichts wie weg, nur weg, so weit wie möglich.

Alexa Testa

geboren (22.02.1983) und aufgewachsen in Oberösterreich, besuchte dort die Mittelschule mit bildnerischem Schwerpunkt.

Derzeit studiert sie in Wien Ernährungswissenschaften im 7. Semester.

Alexa Testa schreibt von Kindesbeinen an, in letzter Zeit gezielt, vor allem Lyrik, Kurzgeschichten, Märchen und Fabeln. Ein Roman befindet sich im Anfangsstadium, aber leider fehlt zur zügigen Verwirklichung die Zeit. Einige Werke wurden bereits veröffentlicht, jedoch strebt sie die fixe Zusammenarbeit mit einem Verlag an.

DAS LEERE WEINGLAS

von Ingrid Zellner

Kurz vor Weihnachten starb mein Vater.

Nein, ich hatte es nicht geahnt, und ich hatte es auch nicht gespürt. Es soll ja Leute geben, die morgens aufwachen und fühlen, dass irgendetwas nicht in Ordnung ist, oder die, wenn das Telefon klingelt, im selben Moment wissen, dass sie jetzt gleich eine furchtbare Nachricht erhalten.

Ich dagegen war vollkommen ahnungslos, als ich mit einem Taxi in München unterwegs war und mein Handy in der Tasche bimmelte. Beinahe hätte ich es sogar überhört. Ich hatte mir dieses Handy erst eine Woche zuvor zugelegt, nachdem ich mich jahrelang gegen diese Errungenschaft der Technik gesträubt hatte. Jetzt wusste ich, warum ich an jenem Abend vor einer Woche spontan beschlossen hatte, meine Bedenken endlich abzulegen und mich der modernen Telekommunikationswelt anzuschließen. Ohne das Handy hätten meine Angehörigen mich an diesem Tag wohl nicht erreicht …

Die nächsten Tage verlebte ich wie in Trance. Trauergespräch, Trauerfeier, Trauermahl – ich erlebte alles bewusst mit, aber ein Teil von mir war tot. Mit

101

meinem Vater hatte ich den wichtigsten Menschen in meinem Leben verloren. Zwischen uns hatte ein ganz besonderes Band existiert, und die tröstliche Gewissheit, dass er ruhig und schmerzlos hatte einschlafen dürfen, änderte nichts daran, dass sein Verlust mir unendlich wehtat. Mehr als einmal griff ich zum Telefonhörer, um ihn anzurufen – weil ich jemanden brauchte, mit dem ich über meine Trauer reden konnte, und erst als ich begann, seine Telefonnummer einzutippen, erinnerte ich mich wieder daran, dass der Mann, mit dem ich immer über alles hatte reden können, mir nie wieder als der unentbehrliche Gesprächspartner zur Verfügung stehen würde, als den ich ihn so geliebt hatte.

Beinahe ohne dass ich es bemerkte, rückte Weihnachten näher. Weihnachten? Was ging mich das dieses Jahr an? Jeder Gedanke daran, dass Vati Heiligabend bei mir hatte verbringen wollen und mein Kühlschrank schon entsprechend gefüllt war, versetzte mir einen Stich ins Herz. Und trotzdem – ich wusste, Vati hätte nicht gewollt, dass ich mich so hängen ließ. Also besorgte ich, so schwer es mir auch fiel, einen Christbaum und schmückte ihn am vierten Adventssonntag.

Es war seltsam, aber irgendwie fand ich bei dem altbewährten Ritual des Christbaumschmückens zum ersten Mal seit Vatis Tod wieder so etwas wie Frieden. Ich fühlte mich geborgen und beinahe glücklich. Plötzlich freute ich mich auf Heiligabend.

Warum, das konnte ich mir nicht erklären. Es war einfach so.

Am Nachmittag des 24. deckte ich den Tisch, wie ich es normal auch getan hätte – zwei Gedecke, zwei Weingläser. Und als es dunkel wurde, zündete ich die Kerzen am Christbaum an, legte eine Weihnachtsplatte auf, holte die Weinflasche aus dem Kühlschrank – einen Veltliner, den mein Vater so geliebt hatte – und schenkte beide Gläser voll. Dann setzte ich mich, hob mein Glas und prostete dem leeren Stuhl mir gegenüber zu.

»Willkommen, Vati«, sagte ich leise. »Ich wünsche uns beiden einen schönen Abend.«

Tränen liefen mir die Wangen hinab, als ich trank. Mein Gott, warum konnte er mir jetzt nicht gegenüber sitzen, so wie früher? Wie viel Spaß hatten wir gehabt an den unzähligen Abenden, an denen wir gemeinsam Wein getrunken, alte Opernplatten gehört und über Gott und die Welt geredet hatten! Und das alles war nun unwiederbringlich vorbei …

In diesem Moment wallte all die Verzweiflung wieder in mir hoch, die ich bereits überwunden glaubte. Die Weihnachtsmusik vom Plattenspieler, die so viele Erinnerungen in mir weckte, wurde mir nun unerträglich. Ich ging zu dem Apparat und schaltete ihn ab. Die jähe Stille wirkte wie ein Messerstich. Ich ging zurück zum Tisch und ließ mich in meinen Stuhl fallen. Dabei streifte mein Blick den leeren Stuhl und das Weinglas meines Vaters.

Ich musste zweimal hinschauen, um sicher zu sein, dass ich wirklich sah, was ich sah.

Ich hatte das Glas ganz voll geschenkt. Jetzt war es nur noch zu drei Vierteln gefüllt.

Langsam, wie in Zeitlupe, stand ich auf, die Augen starr auf das Glas gerichtet.

»Vati?«, flüsterte ich.

Nichts rührte sich. Endlose Stille schwebte durch den Raum.

Hatte ich das Glas vielleicht doch nicht ganz voll geschenkt? Ja, das musste es sein. Ich sank zurück auf meinen Stuhl, trank mein eigenes Glas leer und schenkte nach. Die Luft war warm und schwer vom Licht der vielen Kerzen. Bleierne Müdigkeit senkte sich mit einem Mal auf meine Augenlider …

Liebevoll strich mein Vater mir über den Kopf und sah mich lächelnd an. Ich schlang meine Arme um ihn, wie ich es früher so oft getan hatte, und küsste ihn auf die Wange. War ich irgendwann in meinem Leben einmal traurig gewesen? In diesem Augenblick wusste ich nicht mehr, was Traurigsein überhaupt bedeutet …

Mit einem Ruck fuhr ich hoch und sah mich verwirrt um. Die Kerzen am Christbaum waren ein gutes Stück hinuntergebrannt. Ich musste kurz eingeschlafen sein, aber wirklich nur für ein paar Minuten, wie ein Blick auf die Uhr mir beruhigend versicherte. Dennoch wurde mir ein wenig mulmig. Was, wenn ich noch einmal einschlief und die Kerzen den Christbaum entflammten? Das Risiko war mir zu groß. Ich beschloss, alle Kerzen zu löschen und schlafen zu gehen.

Eine nach der anderen blies ich die Kerzen aus. Mit jeder wurde der Raum ein wenig dunkler. Es war wie ein Abschied. Ein Abschied von der Seele meines Vaters, der ich mich einen Augenblick lang wieder so nahe gefühlt hatte.

Am Ende brannte nur noch die dicke Bienenwachskerze auf dem Tisch. Im schwachen Schein ihres Flämmchens sah ich Vatis Weinglas.

Es war leer.

In diesem Moment fragte ich mich nicht mehr, wie das möglich sein konnte. Ich war nur noch glücklich. Unsagbar glücklich.

Liebevoll nahm ich das leere Weinglas in die Hand und führte es sanft an meine Lippen. Dann prostete ich damit dem leeren Stuhl zu.

»Frohe Weihnachten, Vati!«

Ingrid Zellner

geboren 1962 in Dachau. Studium der Theaterwissenschaft, der Neueren deutschen Literatur und der Geschichte in München. 1988 Magisterexamen. 1990 bis 1994 Dramaturgin am Stadttheater Hildesheim.
Veröffentlichung von CD-Booklet-Texten, Artikeln und Theaterstücken. Seit 1996 Dramaturgin an der Bayerischen Staatsoper München. Seit 2005 Dozentin an der Universität Eichstätt.
Ihr großes Interesse gilt den Ländern Skandinaviens und der Arktis, wo sie jährlich mehrere Wochen verbringt; außerdem betätigt sie sich aktiv als Chorsängerin und Schauspielerin und leitet ein Jugendtheaterensemble in Dachau.

BEGEGNUNG IN PARIS

von Karin Kitsche

»Madame et Monsieur …« Die Stimme aus dem Lautsprecher rief zum letzten Mal die Fluggäste der Linienmaschine Paris – Frankfurt am Main auf. Zur gleichen Zeit fuhr am Flughafengebäude ein Taxi vor. Noch während es ausrollte, wurde die hintere rechte Tür aufgerissen und eine junge Frau sprang heraus.

Ihr Fuß verlor den Halt, kippte und der Absatz ihres Pumps brach ab. Hastig griff die Frau danach und steckte ihn in die Tasche ihres Blazers.

Dann eilte sie durch das Menschengewirr der Halle. »Madame, erreiche ich die Maschine nach Frankfurt noch?« Die adrette Beamtin vergewisserte sich, nickte dann kurz, warf einen Blick in Connys Papiere und ließ sie passieren. Als letzte Passagierin erreichte sie die Maschine. So hatte sie sich ihre Heimreise nicht vorgestellt. Aber diese Maschine musste sie unbedingt erreichen. Sie war so unbeschreiblich glücklich, dass sie überzeugt war, jeder müsste ihr dieses Glück ansehen. Heute Abend würde sie feiern, mit all ihren Lieben. Ein neues, ein völlig anderes Leben lag vor ihr.

Die Stewardess wies Conny den Weg zu ihrem Platz. Sie verstaute ihre Reisetasche im Fach über ihrem Sitz, klappte schwungvoll den Deckel zu, strich den schmalen Mini zurecht und setzte sich, sorgfältig darauf bedacht, den kaputten Schuh zu verstecken. Die Blonde neben ihr lächelte und Conny lächelte erfreut zurück.

Langsam rollte die Maschine zum Startfeld und Conny lehnte sich erleichtert in ihrem Sitz zurück.
»Sie waren ziemlich spät dran, nicht wahr?«
»Oh ja, das war knapp, verdammt knapp. Aber diese Maschine wollte ich nicht verpassen. Ich habe von Frankfurt aus noch ein ganzes Stück zu fahren und möchte den heutigen Abend zu Hause verbringen«, gab Conny ihrer Nachbarin Auskunft.
»Mir geht es ähnlich«, antwortete diese und fügte hinzu: »Ich muss noch bis Karlsruhe. Und Sie?«
»Heidelberg. Na ja, nicht direkt, so etwa 20 Kilometer südlich von Heidelberg bin ich zu Hause.«
»Direkt in Karlsruhe wohne ich auch nicht, aber ich sage Karlsruhe, da wissen die Leute wenigstens die Richtung.« Die Blonde lächelte.

Inzwischen hatte das Flugzeug seine Startposition erreicht. Die Motoren heulten auf. Gleich würde dieser riesige scharrende Vogel loslegen, über die Startbahn rasen bis … Da setzte sich die Maschine auch schon in Bewegung und die Realität hatte Connys vorauseilende Gedanken eingeholt. Immer schneller wurde die Fahrt und schließlich hob die Maschine ab. Vorbei am Gesicht ihrer Nachbarin erhaschte sie noch einen flüchtigen Blick auf die Flughafengebäude. Das Flugzeug schaukelte ein wenig und gewann dabei schnell an Höhe. Bald zogen erste kleine Wölkchen vorbei.

»Sie klingen aber nicht wie jemand aus Heidelberg.« Die Blonde musterte ihre Nachbarin eingehend.

»So wenig wie Sie den Karlsruher Zungenschlag beherrschen«, gab Conny zurück.

»Stimmt genau. Ich wohne zwar schon über vier Jahre dort, aber meine Zunge will sich nicht mehr umgewöhnen. Die habe ich mir in Berlin ordentlich verbogen.«

»Die Berliner Göre kann man noch gut raushören. Oh, ich wollte keinesfalls beleidigend sein«, entschuldigte sich Conny.

Wieder lachte die Blonde: »Das macht überhaupt nichts, ich nehme das nicht krumm. Und außerdem, so 'ne richtige Berliner Pflanze bin ich ja sowieso nicht. Als ich acht Jahre alt war, sind meine Eltern dahin gezogen. Mein Vater bekam einen Job und wir mussten mit.«

»Also kommen Sie weder aus Berlin noch aus Karlsruhe. Jetzt bin ich aber doch neugierig«, gab Conny ungeniert zu.

»Gut kombiniert«, lobte die Blonde. »Ursprünglich komme ich aus dem Norden, genauer gesagt aus Uelzen. Aber das werden Sie nicht kennen. Ist zu klein.« Die Blonde strich ihr Haar zurück und sah Conny erwartungsvoll an.

»Das gibt es doch nicht! Ich hab mir gleich gedacht, dass wir aus derselben Gegend stammen könnten. Ich bin in Uelzen geboren!« Conny konnte es nicht fassen und fuhr fort: »Also, wenn das kein Zufall ist. Ich heiße Cornelia Emser, aber die meisten sagen Conny zu mir. Und Sie?« Unvermittelt streckte sie der anderen ihre Hand entgegen.

»Jutta. Jutta Keilmbach.« Die blauen Augen von Connys Nachbarin strahlten.

»Freut mich, freut mich wirklich. Da hat sich der gebrochene Absatz gelohnt«, meinte Conny lachend.

»Welcher Absatz?« Fragend blickte Jutta zu Connys Füßen hinunter.

Die zog den abgebrochenen Absatz aus der Tasche, hielt ihn triumphierend vor Juttas Nase und lachte: »Dieser hier. Er wollte wahrscheinlich nicht, dass ich diese Maschine schaffe.«

Jutta ergriff den Absatz und machte eine laxe Handbewegung in Richtung Bordfenster. »Schmeiß ihn raus.«

Die beiden jungen Frauen kicherten und als sie sich beruhigt hatten, begann Conny vorsichtig das Gespräch in Richtung Uelzen zu lenken. Zu unglaublich erschien ihr auf einmal die Geschichte, die ihr die Blondine erzählt hatte. »Wo hast du denn damals in Uelzen gewohnt?«

»In der Luisenstraße, bei meiner Oma, die wohnt heute noch dort«, gab Jutta bereitwillig Auskunft.

»Luisenstraße? Kommt mir zwar bekannt vor, aber im Moment weiß ich gar nicht …«

»Kennst du die Bahnhofstraße? Wenn du in Richtung Bahnhof gehst, zweigt die Luisenstraße mal links ab.« Jutta sah Conny fragend an.

Natürlich kannte sich Conny dort aus, doch sie überlegte noch einen Moment. So schnell wollte sie Jutta nicht zustimmen. Doch dann nickte sie und meinte: »Ja, jetzt weiß ich es.«

Gerade wollte sie Jutta die nächste Frage stellen, da plapperte diese schon los. Sie erzählte von ihrer Großmutter, bei der sie gewohnt hatten, von ihrer Einschulung und dem baldigen Umzug nach Berlin. Für die Achtjährige war damals eine Welt zusammengebrochen. In der großen Stadt kannte sie niemanden und niemand kannte sie. »Und deshalb bin ich so oft es ging nach Uelzen gefahren. Meine Eltern waren nicht gerade begeistert. War mit der Zeit ja auch teuer«, endete Jutta mit einem Seufzer.

Die beiden jungen Frauen hingen ihren Gedanken nach.

Plötzlich wollte Jutta wissen: »Was hast du eigentlich in Paris gemacht?«

Mit strahlenden Augen sprudelte Conny los: »Ich habe heute Morgen einen Vertrag unterschrieben, einen Vertrag als Model. Es ist wie ein Traum. Das Landei aus der Provinz macht Karriere in Paris. Unglaublich. Es ist irre, wie … wie … irgendwie abnorm. Unglaublich.«

Jutta starrte ihre Nachbarin ungläubig an: »Ist das wahr? He, das ist ja super. Oder ist das ein Scherz?« Conny senkte den Blick. So stolz sie einerseits auf ihren Erfolg war, so peinlich war ihr auf einmal ihre Prahlerei. »Entschuldige bitte, das muss dir saublöd, ach, was sage ich, total überheblich vorkommen. Ich möchte nicht …«

Jutta hatte sie prüfend angesehen und fiel ihr jetzt ins Wort: »Es ist wahr, stimmt's? Ich könnt's mir gut vorstellen, so toll wie du aussiehst.«

Conny schwieg. Sie schluckte und sagte schließlich: »Ja, es stimmt. Aber bitte glaub nicht, dass ich prahlen wollte. Ich freue mich einfach so sehr.«

»Ich wünsch dir Glück. Und wenn ich dich mal in einer Zeitschrift entdecke, erzähle ich allen, dass ich dich kenne.« Jutta reckte ihre Nase in die Höhe und grinste spitzbübisch.

Die beiden jungen Frauen schwiegen eine Weile und genossen den Blick aus dem Fenster.

»He, guck dir das an. Die Wolke da drüben, sieht die nicht aus wie ein riesiger Wattebausch? Auf so einer möchte ich mal schweben. Fliegst du mit?«

Conny beugte sich hinüber und als sie die Wolke erspähte, trat ein Leuchten in ihre Augen. »Ja, gern. So dahin zu schweben muss herrlich sein.«

Jutta zog an Connys Arm. »Und da, siehst du das kleine Flugzeug da unten? Der Pilot fliegt bestimmt zum Kaffeetrinken. Weißt du, ich stelle mir immer vor, dass in diesen Sportflugzeugen so ein schwerreicher Onkel sitzt, der mit seiner Ollen nur eben mal so durch die Luft knattert. In einem noblen Ort landen sie dann und gehen ganz vornehm ein Kaffeechen schlürfen.«

Conny sah ihre Nachbarin an und sagte: »Na, du hast vielleicht eine lebhafte Phantasie! Weißt du vielleicht auch noch, wie der schwerreiche Onkel aussieht?«

»Oh ja«, stöhnte Jutta, »der hat 'ne Glatze, trägt um die Hüften einen wabbeligen Speckgürtel und ist viel zu alt für mich. Guck nicht so, das muss ich mir vorstellen! Sich da noch einen knackigen jungen Kerl vorzustellen, das wäre ja furchtbar!«

Die beiden lachten schallend und übermütig.

»Also du hast wirklich eine blühende Phantasie, ich könnte glatt neidisch werden. Aber sag, was hast du eigentlich in Paris gemacht?«

Jutta holte tief Luft und berichtete mit einem breiten Grinsen: »Ich war auf der Suche nach eben so einem knackigen Typen! Nein, im Ernst, ich habe für ein paar Tage meine Freundin besucht. Sie lebt seit einem halben Jahr in Paris und hatte mich eingeladen. Traumhaft diese Stadt, die fünf Tage waren viel zu kurz. Und ich habe das Gefühl, auch meine Beine sind kürzer geworden. Abgelatscht hab ich sie mir. Na ja, ich schätze so fünf Zentimeter etwa.« Sie lachte und zeigte Conny zwischen Daumen und Zeigefinger, was sie für fünf Zentimeter hielt. »Im Herbst möchte ich noch einmal hin. Kerstin nimmt sich im September ein paar Tage frei und dann ziehen wir los. Ich liebe diese Stadt, die Sehenswürdigkeiten, die Menschen, diese Mentalität, ach, einfach alles.« In Juttas blaue Augen kam ein Glanz, der zum Mitschwärmen animierte.

»Du, Jutta, im Herbst lebe ich auch in Paris. Da könnten wir uns doch treffen«, platzte Conny zu ihrer eigenen Überraschung heraus.

»Ja, ich würde mich freuen, dich wiederzusehen.« Doch plötzlich lag etwas ganz Seltsames in Juttas Blick. »Sag mal, ist das nicht schon ein wenig unheimlich? Ich meine, na ja … dieser Zufall. Wir sind zur gleichen Zeit am gleichen Ort. Sieh mal, wir treffen ganz zufällig in Paris aufeinander. Ja gut, erst im Flugzeug, aber da sitzen wir dann auch noch nebeneinander. Und dann stellen wir fest, dass wir aus der gleichen Stadt kommen, einer kleineren wohlgemerkt. Und … und … ich sage jetzt ganz einfach, wie es ist. Weißt du, ich habe das Gefühl, wir kennen uns schon sehr lange.«

Conny schauderte. Dann sah sie Jutta an und sprach die Gedanken aus, die sie bereits ein paar Minuten zu verdrängen versuchte. »Mir geht es ebenso. Ich habe auch das Gefühl, als wären wir gut miteinander bekannt. Ich meine, wenn du so oft bei deiner Großmutter zu Besuch warst … Allerdings habe ich am entgegengesetzten Stadtrand gewohnt.

Vor fünf Jahren sind wir dann nach Süddeutschland gezogen. Eigentlich undenkbar, dass wir uns da …«

Das Flugzeug setzte zur Landung an und die beiden Frauen schwiegen. Jede hing ihren Gedanken nach.

Später standen sie unschlüssig in der Ankunftshalle.
»Wie kommst du nach Hause?«, wollte Conny wissen. Jutta sah auf die Uhr. »Ich nehme den nächsten Zug. Und du?«
»Ich bin mit dem Auto hier. Für diesen wichtigen Tag habe ich mir das geleistet.« Sie betonte das Wort »wichtig«, wiegte den Kopf übertrieben hin und her und lachte. »He, Jutta, weißt du was? Wir fahren zusammen. Ich nehme dich mit.«
Jutta war die Überraschung ins Gesicht geschrieben. Doch dann schüttelte sie energisch den Kopf und meinte: »Nein, kommt nicht in Frage. Wäre ich mit dem Wagen hier, wäre es okay. Aber mit mir im Gepäcknetz fährst du ja bei Muttern vorbei und dann wieder zurück. Vielen Dank, aber ich bin sicher, dass ich es auch mit dem Zug heute noch schaffe.«
Conny wiegelte ab: »Das macht höchstens eine Stunde aus. Komm schon. Ich fänd es schön, noch ein wenig mit dir zu plaudern. Komm, los, gib dir einen Ruck.« Und mit einem schelmischen Grinsen fügte sie hinzu: »Vielleicht sehen wir ja unterwegs noch ein paar knackige Kerle.«
Jutta warf ihre blonde Mähne zurück, packte ihre Tasche, hakte sich bei Conny unter und erwiderte:

»Na, dann mal los. Ich setz dich als Köder ein. ›Model on Tour‹. Das Schild häng ich dir hinten an die Scheibe. Wenn da keiner anbeißt!«

Der Kleinwagen schnurrte das Gewirr der Straßen entlang und verließ das Flughafengelände. Mit einem entzückten Jauchzer grüßte Jutta die Condor, die eben im Tiefflug die Autobahn überquerte. »Das ist der blanke Wahnsinn. Ich werde wohl nie verstehen, wie solch ein Koloss fliegen kann. Guck dir das an!« Helle Begeisterung stand ihr ins Gesicht geschrieben. Conny wechselte die Spur und überholte. Später, wenn sie einmal Geld mit dem Modeln verdient hatte, viel Geld, dann würde sie sich einen schicken Wagen kaufen. Im Radio spielten sie einen Hit nach dem anderen und die jungen Frauen sangen aus Herzenslust mit.
Später erzählte Conny von ihrer Kindheit in Uelzen. Und was sie auch berichtete, Jutta kannte sich gut aus. Auch sie war nach dem Kino in das kleine Café gegangen, in dem es dieses herrliche Eis gab. Jutta hatte, wenn auch nur in den Ferien, einen wichtigen Teil ihres Lebens dort verbracht, wo Conny bis vor kurzem zu Hause war. Und sie waren sich, jedenfalls bewusst, nie begegnet. Bis heute nicht.

An einer Raststätte tranken die beiden je einen Cappuccino. Die Blicke der jungen Männer am Nachbartisch taten gut. Und als Conny und Jutta das Restaurant verließen, lächelten sie ihnen kokett zu.

Dann ging die Fahrt weiter, und Jutta meinte: »Wenn das weiter so gut läuft, sind wir in einer halben Stunde bei mir zu Hause. Ich hoffe, du hast noch Zeit für …«

Weiter kam sie nicht. Sie hörten den ohrenbetäubenden Knall, sahen den Reifen des LKW durch die Luft und auf sie zu schleudern. Connys Hände umkrampften das Lenkrad. Es war wie im Film. Einem Stummfilm, den man im Zeitlupentempo vorführte. Und gleich würde er zu Ende sein. Im Wagen war es still. Totenstill. Irgendwo quietschten Bremsen. Juttas Mund war geöffnet. Bereit zum Schrei. Bereit, mit diesem Schrei den Film zu verlassen. Doch der Schrei erstarb auf ihren Lippen.

Der Wagen touchierte die Leitplanke. Sie nahmen das hässliche Geräusch wahr. Kurz und doch so unendlich lange. Fernes, gedämpftes Krachen drang an ihre Ohren. Glas, Metall, dann Connys ersticktes Röcheln. Ruhe.

Menschen drängten sich um den kleinen Wagen. Ein Mann bahnte sich seinen Weg. Er wäre Arzt, man solle ihn durchlassen. Die Rettung wäre schon benachrichtigt. Doch er erkannte sofort, dass den beiden Frauen niemand mehr helfen konnte. Neben dem umgestürzten Laster stand ein junger Mann, seine Hände umklammerten den Rest einer Stoßstange. Er zitterte am ganzen Körper, seine Blicke irrten Hilfe suchend und nicht begreifend umher. Kurz nachdem er zusammenbrach, hatte der

Arzt ihn erreicht. Das Geheul der Martinshörner übertönte das Gemurmel der Gaffer.

Der junge, gut aussehende Polizist angelte eine schwarze Handtasche aus dem Fond des Kleinwagens, dann sagte er: »Die Dunkelhaarige heißt Cornelia Emser, geboren am 15. Mai 1984 in Uelzen.« Sein älterer Kollege hatte einen kleinen Rucksack gefunden. Jutta Keilmbach stand auf dem Anhänger. Fein säuberlich, mit zarter Hand geschrieben, unter Plastik aufbewahrt. Jetzt hielt er einen Ausweis in der Hand und starrte seinen Kollegen an. Eine eiskalte Hand schien sich in seinen Nacken zu legen, strich blitzschnell über den spärlichen Haarkranz, streifte über die nackte Kopfhaut und setzte im gleichen Moment, in dem sie die Dienstmütze anzuheben schien, einen kühlen Schweißfilm auf seine Stirn. Sein Gesicht war schlagartig aschfahl. Er taumelte zwei, drei Schritte zurück. Und als seine Finger das Gras der Böschung berührten, ließ er sich fallen. Er hatte seinen Kollegen keinen Augenblick aus den Augen gelassen. Er starrte ihn an und schüttelte nur ungläubig den Kopf. Dann flüsterte er: »Jutta Keilmbach, geboren am 15. Mai 1984 in Uelzen.«

Am strahlend blauen Himmel, direkt über ihren Köpfen, schwebte eine riesige, watteweiche weiße Wolke. Sie war wunderschön. Doch keiner nahm Notiz von ihr.

Karin Kitsche

beruflich als Industriekauffrau tätig, ist verheiratet und hat zwei erwachsene Kinder.
Ihr bevorzugtes Genre sind Kurzgeschichten. Die Kurzgeschichtensammlung »Irren ist menschlich und 17 andere Geschichten« erschien im Jahre 1999 im Buchverlag Andrea Schmitz.

DIE WEISSE FRAU

von Manuel Deinert

Dichter Oktobernebel zwang Paul, langsam über die Landstraße nach Hause zu fahren. Aber das störte ihn nicht; weder hatte er es eilig, noch bereitete ihm die Strecke zwischen Westenheide und Försterhausen große Probleme. Er kannte sie genauso auswendig wie die Partitur des Stückes, das er vor einer guten Stunde mit dem Försterhausener Kammerorchester und dem angeschlossenen Chor aufgeführt hatte: Orffs »Carmina Burana«.

Er liebte diese Oper über alles. Deshalb drang aus den Autoboxen auch nun der majestätische Chor des Präludiums: »O FORTUNA, VELUT LUNA, STATU VARIABILIS«[1]. Er drehte so laut auf, dass er seine Mundwinkel zu einem schmalen Lächeln verzog. Es musste verrückt aussehen, wie sein kleiner Polo zwischen den Feldern schlich und von einem lateinischen Chor angefeuert wurde. Aber es war um diese Uhrzeit – die Digitaluhr zeigte 2:03 Uhr an – niemand mehr unterwegs. Vielleicht störten sich Rehe und Hasen an Orff, aber damit konnte er leben. Er hatte in den letzten Monaten mit Schlimmerem leben müssen.

---

1 Oh, Schicksal, wie der Mond bist du veränderbar.

Er dachte daran, dass er in fünf Stunden schon wieder zur Arbeit musste. Doch das war ihm egal. Er hatte in letzter Zeit häufig schlecht geschlafen und war Müdigkeit gewöhnt. Seinen Chef störte es nicht, solange er seinen Job gut machte. Und das tat er, wenn auch mit einer gewissen Gleichgültigkeit.

In Gedanken folgte er den Staccati der Chornotation, als er plötzlich in einigen Metern Entfernung eine Gestalt auf der Straße sah. Er drosselte das Tempo auf Schrittgeschwindigkeit. Er konnte nur Umrisse erkennen, aber diese verrieten ihm, dass es kein Tier war, da es auf zwei Beinen stand. Was in Gottes Namen hatte jemand hier zu suchen? Es waren noch gute sieben Kilometer bis Försterhausen.

Durch den Nebel und die Scheinwerfer sah die Person aus wie ein Engel. Er schluckte und bekam eine Gänsehaut. Die Gestalt trug ein weißes Kleid und hatte schlohweißes Haar, das leicht im Wind wehte. Sie breitete die Arme aus und er trat auf die Bremse. Das Wesen ging langsam auf ihn zu. Er machte instinktiv die Knöpfe herunter und griff nach seinem Handy. Was auch immer das Wesen vorhatte, er wollte etwas unternehmen können. Und wenn es entgegen seiner sich einschleichenden Furcht nur ein Anruf beim örtlichen Abschleppdienst war. Aber er hatte keinen Empfang.

Er verfolgte nun jeden Schritt der Gestalt. Sie ging so langsam, dass er nicht mehr an einen Engel,

121

sondern an einen Geist dachte. Ein Nebelgeist. Er hielt nichts von diesem New-Age-Kram, aber dieses Wesen war entweder seinem chronischen Schlafmangel zuzuschreiben, oder es war tatsächlich ein Geist. Ihn fröstelte es.

Als es am Wagen angekommen war, erkannte er, dass es weder ein Engel noch ein Geist war, sondern eine alte dünne Frau im Morgenmantel. Sie streckte den Arm nach dem Wagen aus und stützte sich auf die dunkle Karosserie, während sie sich der Fahrertür näherte.

Schließlich sah er ihr blasses, faltiges Gesicht und die glasigen Augen. Er versuchte sich einzureden, dass sie nichts Böses im Schilde führte, sondern nur dringend Hilfe brauchte. Nun, seine Temperaturanzeige am Armaturenbrett sagte ihm, dass es draußen acht Grad Celsius waren. Was immer die Frau auch hier zu suchen hatte, es war nicht gesund, dass sie es tat – und vielleicht auch nicht beabsichtigt. Also brauchte sie sicher Hilfe.

Sie klopfte mit ihren Fingernägeln an die Scheibe.

Wieder bekam er eine Gänsehaut.

Sie bewegte ihre Lippen, aber er verstand kein Wort.

»FORTUNE ROTA VOLVITUR, DESCENDO MINORATUS.«[2]

Er drehte die Musik leiser und schaute die Frau an. Sie kam dicht an die Scheibe und stierte ihn an. Er

---

2 Das Rad des Schicksals dreht sich, erniedrigt steige ich hinab.

rutschte nervös im Fahrersitz hin und her. Vielleicht war sie eine Wahnsinnige?

Sie bewegte wieder ihre spröden Lippen, und diesmal verstand er, was sie sagte: »Entschuldigung, ich habe mich verlaufen. Ich wollte bloß einen kleinen Spaziergang machen, wissen Sie? Aber dieser Nebel, das ist ja unmöglich. Ich möchte zu der Villa am Roggenkamp. Da wohne ich, wissen Sie? Mein Mann wartet dort auf mich. Er macht sich bestimmt schon Sorgen.« Sie hob ihren Kopf und schaute über den Wagen hinaus in den Nebel.

Paul wusste, wo der Roggenkamp war. Schließlich war dort … Er verdrängte den Gedanken.

»Wissen Sie, junger Mann, ich würde den Weg ja selber finden, schließlich lebe ich schon lange hier, aber dieser Nebel! Ich weiß nicht einmal, aus welcher Richtung ich gekommen bin, geschweige denn, in welche ich gehen muss.«

Ihm gingen tausend Gedanken durch den Kopf. Angefangen von der Frage, ob die alte Frau eine Wahnsinnige oder vielleicht nur eine Schlafwandlerin war. Ob ihr Mann nicht schon längst die Polizei gerufen hatte. Ob er das alles nur träumte und gerade die heftigsten Halluzinationen hatte, von denen er je gehört hatte. Und wenn er sie wirklich das kleine Stück mitnehmen würde, wie er beim Anblick des … Er schüttelte den Kopf, als ob er die Gedanken damit vertreiben könnte.

Schließlich sagte er: »Steigen Sie einfach ein, ich fahr Sie hin.« Etwas in ihm rebellierte gegen diese

123

Entscheidung, aber was sollte er machen, sie hier stehen lassen? Wenn er am nächsten Tag in der Zeitung lesen würde, dass sie von einem besoffenen, unachtsamen Autofahrer überfahren worden war, würde er sich das ewig vorhalten. »Es ist nicht weit und auch kein Umweg. Ist also kein Problem.«

»Ach, das ist aber wirklich nett von Ihnen, junger Mann.«

Sie ging zur Beifahrerseite und er entriegelte die Tür. Sie stieg etwas unbeholfen ein. Paul schätzte sie auf knapp 80 Jahre.

»Sie hören aber schöne Musik.« Sie lächelte ihn mit großen Augen an. Unwillkürlich musste er an den bösen Wolf aus Rotkäppchen denken. »Ich bin regelmäßig zu Konzerten gegangen. Mein Mann ist ein sehr guter Musiker, wissen Sie? Er hat in vielen verschiedenen Orchestern gespielt. Jetzt klappt es nicht mehr mit dem Violinenspiel. Aber wir hören noch gerne seine Schallplattenaufnahmen.«

Paul fuhr langsam weiter. Der Nebel war dichter geworden.

»Früher hat er sogar ein Orchester dirigiert, wissen Sie? Aber das ist schon so lange her. Wo er nicht überall gespielt hat! Durch die ganze Welt sind wir gereist. Das war herrlich.«

Sie verstummte und Paul schaute kurz zu ihr hinüber. Ihr Blick war in den Nebel gerichtet, als ob sie dort etwas sah, das ihm verborgen blieb. Er überlegte, ob sie wirklich in der alten Villa wohnte. Er war sich nicht sicher, aber er war der Annahme, dass dort seit ein paar Jahren das Försterhausener Museum war. Gab es am Roggenkamp mehrere Villen? Wie auch immer: Wieso lief die Frau nachts durch die Gegend? Ein Spaziergang um diese Uhrzeit? Noch dazu in Pantoffeln und Morgenmantel? Das war alles mehr als merkwürdig.

»Violine?«, fragte er schließlich, um sich von den Fragen, und der Erinnerung an … »Ich spiele auch Violine. Im Försterhausener Kammerorchester.«

»Im Kammerorchester?« Ihre Stimme war hauchdünn. Als ob er etwas Fürchterliches gesagt hatte und sie sich vergewissern musste, dass sie sich nicht verhört hatte. »Sagten Sie Kammerorchester? Dort habe ich meinen Wilhelm kennen gelernt. Er war vom ersten Augenblick an die Liebe meines Lebens. Und das ist er noch immer.« Sie kreuzte die Arme über ihrer Brust, was ihm ein wenig theatralisch vorkam. »Wissen Sie, manchmal begegnet man Menschen unter den merkwürdigsten Umständen. Es kann alles ändern. Von jetzt auf gleich.« Ihr blieb die Doppeldeutigkeit ihrer Worte anscheinend verborgen. Zumindest verlor sie keinen Satz über die Umstände, warum sie jetzt gerade neben ihm im Auto saß. »Sind Sie verheiratet, junger Mann?«

Er sah sie kurz irritiert an und antwortete nach kurzem Überlegen knapp: »Nein.«

»Warum nicht? Sie sind doch ein netter Mensch.«

Ihre Direktheit verärgerte ihn. Er sprach selten mit jemandem über seine große Liebe. Schon gar nicht mit einer Fremden. Aber vielleicht stellte sie die Ant-

125

wort ruhig. So hoffte er es und erzählte ihr von Nadine. »Meine große Liebe ist vor zwei Jahren gestorben. Bei einem Autounfall.« Er schluckte. »Der Arzt sagte, sie war auf der Stelle tot. Tot, eine Woche vor unserer Hochzeit.«

Die alte Frau sah ihn ohne einen Ausdruck von Verwunderung an. »Da vorn ist es, nicht wahr?« Sie zeigte nach vorn auf die Straße, wo im nächsten Augenblick ein Schild – und das Kreuz – sichtbar wurden.

»Ja, aber …«

»Lassen Sie mich einfach an der Ecke raus. Von dort ist es nicht mehr weit.«

»Aber …«

»Ich bin zwar alt, aber das kleine Stück schaffe ich noch. Mein Mann wird sich freuen, mich wiederzusehen.« Paul verstand kein Wort mehr. »Er wird mich sicher erwarten. Wie sehr freue ich mich! Haben Sie vielen Dank, dass Sie mich hierher gebracht haben.«

»Äh …« Er war völlig verwirrt. »Kein Problem. Aber …«

Sie reichte ihm die Hand. Er nahm sie und erschrak ob der kühlen, lederartigen Haut. Sie lächelte ihn an und stieg aus. Ihr Blick fiel auf das kniehohe Kreuz, auf dem die Daten 17. Mai 1969 – 6. August 2002 unter dem Namen »Nadine« standen.

»Carmina Burana, erster Akt, zweites Lied, letzte Strophe«, flüsterte sie ihm zu und verschwand im Nebel.

Sprachlos saß er da und schaute hinaus in die graue Nacht. Er kam sich vor wie in einem dieser angesagten Mystery-Thriller, in dem er ohne Kenntnisse des Drehbuchs mitspielte.

Er machte die Musik wieder lauter und spulte zu der besagten Stelle vor:

AMA ME FIDELITER, FIDEM MEAM NOTO:
DE CORDE TOTALITER ET EX MENTE TOTA
SUM PRESENTIALITER ABSENS IN REMOTA
QUISQUIS AMAT TALITER, VOLVITUR IN ROTA.

Er hatte keine Ahnung, was die Frau ihm damit sagen wollte. Sicher, die Textpassage las sich wie eine Liebeserklärung. Aber wenn man den Kontext verstand, war es eine reine Naturbeschreibung. Der Chor sang in diesem Lied vom anbrechenden Frühling und von der Sonne, die mit ihrer Kraft das Leben neu hervorbringt.

Was auch immer die Alte ihm sagen wollte, er verstand es nicht. Und außerdem: Wieso wollte sie ihm überhaupt etwas sagen? Weder hatte sie Nadine persönlich gekannt, noch konnte sie wissen, dass sie hier gestorben war. Er ärgerte sich über die Alte, dachte sogar kurz daran, ihr zu folgen und sie zur Rede zu stellen.

Dann fiel sein Blick auf das dunkle hölzerne Kreuz und er sackte im Sitz zusammen. Seit über einem Jahr war er nicht mehr hier gewesen. Er hatte ihr eine Kornblume, ihre Lieblingsblume, mitgebracht und sie vor das Kreuz gelegt. Nun wuchsen Disteln an der Stelle. Das Leben ging seinen normalen Weg weiter.

Nur für ihn war nichts mehr, wie es war. Und mit einem Male wurde er sich der ganzen Leere bewusst, die ihr Tod in ihm ausgelöst hatte. Er schluchzte und nach ein paar Sekunden fielen Tränen auf sein rotes Seidenhemd.

Er konnte – wie erwartet – nicht einschlafen. Zum einen wegen dieser verdammten Mücke, die trotz der kühlen Temperaturen draußen überlebt hatte (der diesjährige Altweibersommer – dieses Wort würde nun für immer eine völlig andere Bedeutung für ihn haben – war warm und verregnet gewesen) und nun in seinem Schlafzimmer auf ihn wartete, zum anderen wegen der Erinnerungen an Nadine und der komischen Bemerkung der alten Frau. Er zerbrach sich den Kopf darüber, was sie ihm sagen wollte. Aber er hatte keine Idee. Die Frau war verrückt und das alles war nichts weiter als ein verdammt blöder Zufall. Basta!

Um noch wenigstens drei Stunden Schlaf zu bekommen, schaltete er das Nachtprogramm der ARD ein. Das hatte bisher immer geklappt. Und auch diesmal schaffte er es nur noch, die Anfangsmelodie von »High Noon« mitzusummen, ehe er in einen traumlosen Schlaf fiel.

Am Morgen wachte er mit Kopfschmerzen auf. Er schlurfte ins Bad, nahm eine kalte Dusche und kochte seinen von Kollegen gefürchteten Morgenkiller-Kaffee. Die Ereignisse der letzten Nacht kamen ihm vor wie ein Traum. Ein sehr realer Traum, aber zu unlogisch, um wirklich passiert zu sein. Er wollte nicht wieder darüber nachdenken und las stattdessen die Zeitung.

Auf der Arbeit tauschte er seine Jeans und sein Shirt gegen einen schwarzen Anzug und ein Hemd, und nahm vom Chef den ersten Auftrag entgegen. Er rief Christian, seinen Kollegen, und nahm den Autoschlüssel vom Haken. Gemeinsam fuhren sie dann zur westlichen Stadtgrenze, zum St. Marien Altenheim.

Als sie in die Straße zum Altenheim einbogen, sah Paul ein Werbeplakat der Kunstausstellung im Försterhausener Museum. Ein seltsames Gefühl überkam ihn.

»Du, Christian«, er versuchte, so normal wie möglich zu klingen, »wie heißt noch mal gleich die Straße, wo das Museum ist?«

»Das Museum ist am Roggenkamp. Wenn du nach Westenheide fährst, auf der linken Seite. Wieso?«

Paul fühlte sich plötzlich unwohl. Wenn das Museum dort lag, wo er es gestern Nacht schon vermutet hatte, wohin war dann die alte Frau gegangen? Er beschloss, sofort die Polizei anzurufen, sobald sie wieder zurück waren.

»Hallo? Paul? Wieso fragst du?«

»Ach, ich hab gerade ein Plakat der Kunstausstellung gesehen und überlege, ob ich mir das nicht mal antun soll.« Er versuchte, locker und witzig zu klingen. Christian lachte und stellte keine weiteren Fragen, es funktionierte.

Sie kannten Schwester Martha von früheren Aufträgen. Sie ging neben den beiden Männern her und erzählte ihnen auf dem Weg in den Keller von der gestrigen Nacht.

»Doktor Reinbach sagt, dass es gegen zwei Uhr passiert ist. Herzinfarkt, sie war auf der Stelle tot. Schwester Luise hat sie heute Morgen gefunden. Sie lag vor dem Kleiderschrank. War wohl auf dem Weg zur Toilette, zumindest hatte sie ihre Hausschuhe an. Kein schöner Tod, aber es ging schnell.«

Paul hatte diese Phrase schon tausendmal gehört. Und ihn wunderte es jedes Mal, dass die Leute einfach behaupteten, es ging schnell. Vielleicht wussten es Menschen, wenn sie sterben würden. Ging es dann schnell? War es dann besser? Und was war schon ein schöner Tod? Solange man nicht selbst gestorben war, konnte man das wohl nicht einschätzen.

»Hinterlässt sie Verwandte?«, fragte Christian routinemäßig.

»Nein, ihr Mann ist vor vier Jahren gestorben.«

Schwester Martha schloss die dicke Eisentür auf. Der kühle Raum roch nach Weihrauch und war spärlich gefüllt: eine Bahre, ein mannshohes bronzenes Kreuz und ein paar angezündete Kerzen. Sie gingen hinein. Und als Paul die alte Frau erkannte, verstand er alles.

AMA ME FIDELITER, FIDEM MEAM NOTO:
DE CORDE TOTALITER ET EX MENTE TOTA
SUM PRESENTIALITER ABSENS IN REMOTA
QUISQUIS AMAT TALITER, VOLVITUR IN ROTA.[3]

Manuel Deinert

Dem Schreiben von Kurzge-schichten widmet er sich seit einem halben Jahr. Inhaltlich ist er da nicht fixiert. Er schreibt über Unerklärliches, genauso wie über Liebe (wenn das mal nicht zusammengehört), über Nach-denkliches und über Lustiges. Sein einziges Ziel ist es, den Leser zu unterhalten. Bevor Manuel Deinert anfing Kurzgeschichten zu schreiben, befasste er sich mit Lyrik und Liedtexten. Er macht selber Musik in einer Folkband und schreibt zu diesem Zwecke englische Texte. Von seinen Gedichten wurden bisher vier in Anthologien veröffentlicht. Zur Zeit ist er Student in Münster. Und was danach kommt, wer weiß?

---

3 Lieb mich getreu! Sieh wie treu ich bin:
 mit ganzem Herzen und ganzer Seele
 bin ich bei dir, selbst wenn ich weit weg bin.
 Wer zu so starker Liebe fähig ist, kann den Kreis schließen.

TALL MUNBAQA

von Angelika Haymann

In der späten Bronzezeit, vor etwa 4000 Jahren, war Munbaqa eine blühende nordsyrische Stadt. Geschützt von einer gewaltigen Mauer, gingen die Menschen in Tempeln und prächtigen Wohnhäusern ihrem Tagesgeschäft nach. Die exzellente Lage auf einem Hügel gewährte einen weiten Blick über das Land. Im Laufe der Zeit verlassen und verfallen, finden sich ihre Ruinen heute auf der Höhe von Aleppo am östlichen Ufer des Euphrat-Stausees. Seit Ende der sechziger Jahre führte man dort archäologische Grabungen aus. Der Ausgrabungshügel trägt den Namen »Tall Munbaqa«.

Seit langem faszinierten mich Berichte über die Kulturgeschichte Vorderasiens. Viele Fachleute vertreten die Auffassung, die Wiege der Menschheit läge dort. Begeistert las ich entsprechende Lektüre, immer neues Material fand Platz in meinen Bücherregalen.
An einem stillen Herbstsonntag streifte ich durch das Archäologische Museum. Durch hohe Fenster fielen Sonnenstrahlen, in denen Staubkörnchen tanzten. Außer mir befand sich nur eine geringe Anzahl Besucher in den Räumen. Von ferne hörte ich

Stimmengemurmel. Die Ausstellung »Bronzezeit in Syrien« lockte an diesem Tag nur wenige aus ihrer häuslichen Bequemlichkeit. Gemächlich schlenderte ich an den Exponaten vorüber. Grabfunde, Schmuck, Schrifttafeln sowie Scherben von Gebrauchsgegenständen fesselten meine Aufmerksamkeit.

In einem Ausstellungsraum boten Fotografien dem Betrachter einen Einblick über das Ausgrabungsgelände. Wie gebannt blieb ich vor einem der Fotos, einer sehr alten Schwarzweißaufnahme, stehen. Karges, hügeliges Land erstreckte sich weit in die Ferne. Im Vordergrund war der Ringwall der Stadt Munbaqa sichtbar.

Ein Gedanke schoss mir blitzartig durch den Kopf: Das kennst du. Dort warst du schon einmal!

Magisch zog mich das Foto in seinen Bann und wie in Trance versank ich in dem Foto.

Wärme hüllte mich ein, lauer Wind strich sanft über meine Haut. Ich wusste: Genauso fühlt es sich an, wenn man dort steht. Ich spürte den unebenen Boden unter meinen Füßen. Jeder Stein, jedes Sandkorn hieß mich willkommen. Ein wohliges Gefühl des Friedens umfing mich. Ich fühlte mich daheim angekommen.

Zeit und Raum hatten ihre Bedeutung für mich verloren.

Unvermittelt drangen Stimmen an mein Ohr. Jäh rissen sie mich aus meiner Versunkenheit. Besucher näherten sich. Missmutig schlenderte ich weiter durch die Ausstellung. Später, so nahm ich mir vor, würde ich noch einmal zu jenem mystischen Foto zurückkehren. Immer wieder schlug ich den Weg dorthin ein. Vergebens! Jedes Mal standen schon Besucher davor. Es war mir nicht vergönnt, noch einmal in jenen bittersüßen Zauber einzutauchen.

Bevor ich das Museum verließ, erwarb ich ein Buch zur Ausstellung, in dem auch beschriebenes Foto abgebildet war.

Mein Verstand sagte mir: Du warst noch nie dort. Doch mein Innerstes wusste es besser.

Angelika Haymann

Jahrgang 1953, kaufmännische Angestellte, geboren in dem kleinen Dorf Alveslohe in Schleswig-Holstein. Jetzt mit ihrem Lebensgefährten wohnhaft in Norderstedt bei Hamburg. Vorwiegend schreibt sie Lyrik, Kindergeschichten und Fantasy.

Publikationen: Mehrere Kindergeschichten, Kurzgeschichten und Gedichte in Anthologien und Zeitschriften.

MARGITS TRÄUME

von Ulrike Lauterberg

Margit saß in ihrem Lieblingssessel am Fenster, um jederzeit in den Garten schauen zu können, den sie so sehr liebte. Sie schrieb ein paar Zeilen in ihr Tagebuch: »Ich lebe alleine in diesem großen alten Haus und es ist es sehr still um mich geworden. Phillip, mein geliebter Mann, ist nun seit einem Jahr im Jenseits, und ich warte nur noch auf den Tag, an dem ich ihm folgen darf.

Die Kinder leben verstreut in verschiedenen Städten und kommen mich nur sehr selten besuchen, sie führen ihr eigenes Leben. Ich nehme es ihnen nicht übel, aber es macht mich manchmal traurig. Ich bin eben viel alleine, aber dennoch zufrieden mit dem, was mich umgibt. Mein Leben war erfüllt! Ich will nicht klagen!«

Mit diesen Worten schloss sie den Eintrag.

Margit legte den Stift beiseite, schlug das Tagebuch zu und ließ es auf ihrem Schoß ruhen, fest umschlossen mit ihren faltigen Händen, als bewahrte sie etwas sehr Wertvolles. Ein Blick zu der großen Wanduhr sagte ihr, dass der Pflegedienst in einer halben Stunde da sein würde. Wie jeden Abend würde Schwester Claudia ihr dann beim Zu-Bett-Gehen behilflich sein.

Müde und versonnen schaute Margit in den Garten hinaus. Durch das gekippte Fenster konnte sie dem Gesang der Amseln im lauen Abendwind lauschen. Sie fühlte Ruhe und Frieden in sich.

Doch plötzlich zuckte Margit vor Schreck zusammen. Was war das? Da stand jemand in ihrem Garten. Margit beugte sich vor, und um besser erkennen zu können, kniff sie die Augen zusammen. Margits Herz schlug schnell, sie hielt wie zum Schutz beide Hände vor die Brust. Die Person im Garten winkte ihr zu.

Margit stockte der Atem, sie konnte die Gestalt nun deutlicher sehen.

»Aber das ist doch nicht möglich«, flüsterte sie mit bebenden Lippen. »Das ist ja Erich!« Er stand im Garten, mitten zwischen den Frühlingsblumen und lächelte und winkte ihr immer weiter zu.

Margit rief erschüttert und verwirrt zugleich: »Erich, was machst du denn hier?« Sie bemerkte nicht, wie das Tagebuch zu Boden fiel und aufgeschlagen vor ihren Füßen liegen blieb. In Margit begann ein Strom von Erinnerungen zu fließen, sie wurde still und auf ihr altes, zerfurchtes Gesicht legte sich ein Lächeln.

Margit und Phillip zogen als junges Ehepaar in ein kleines Dorf. Erich vermietete sein altes Geburtshaus an die junge Familie und wohnte selber in seinem neu gebauten Haus gleich nebenan. Margit bewohnte von nun an mit ihrer Familie dieses geräumige und gemütliche Haus. Endlich hatten sie ausreichend Platz für ihre drei Kinder und einen wunderschönen Garten.

Erich und seine Frau Annemarie strahlten Wärme und Herzlichkeit aus. Oft spielte Erich liebevoll mit ihren Kindern und es schien heller zu werden, wenn er durch den Garten schlenderte. Immer hatte er ein liebes Wort, ab und zu mal eine Umarmung im Vorbeigehen, eine liebe Geste und einen Händedruck übrig. Wie warm wurde es Margit ums Herz, wenn sie heimlich vom Fenster aus beobachten konnte, wie viel Zeit Erich sich nahm, um mit ihren kleinen Kindern zu reden, die lärmend im Sandkasten oder auf der Schaukel saßen. Wie oft hörte sie es die Jahre über durch den Garten schallen: »Hallo, Onkel Erich, wie geht es dir?«

Etwas verband Margit und Erich, denn sie hatten beide am 24. März Geburtstag. Oft gratulierten sie sich gegenseitig lachend und überschwänglich.

Manchmal winkten sich alle gegenseitig über die Hecke zu oder Erich ging durch den Garten an seinem altem Haus vorbei und hielt auf einen kurzen Plausch an.

Die Kinder huschten immer mal zu den Nachbarn durch die Hecke und Margit befürchtete, dass sie dort stören könnten.

Erst mit der Zeit begriff sie, dass diese Besuche sogar erwünscht und erhofft wurden und die Kinder oftmals von Annemarie und Erich gerufen wurden, um gemeinsam Erdbeeren oder Erbsen mit den

137

Kindern zu sammeln. Häufig saßen sie mit den Kleinen auf einer Bank, und Margit konnte das fröhliche Geplapper und Lachen hören, das bis zu ihr herüberschallte.

Das große Haus, oder die Atmosphäre, die es umgab, gab Margit immer wieder Rätsel auf und doch fühlte Margit sich dort so wohl wie sonst nirgends zuvor. Margit sagte oft: »In dieses Haus kommen die Engel.«
Sie liebte den Garten und die hohen Tannen, die im Wind ein harmonisch klingendes Rauschen erzeugten und Margit hatte Verständnis, dass es Erich immer wieder in seine alte Umgebung zog und er es oft ausnutzte, um durch seinen »alten« Garten vorbei an den Fenstern von Margit und Phillip zu schlendern. Dabei blieb er oftmals stehen, wenn er sich unbeobachtet fühlte, um einen liebevollen Blick auf seine alten gepflanzten Obstbäume zu werfen.
Eine Freundschaft auf der Basis gegenseitiger Sympathie wuchs und wurde mit den Jahren gefestigt.

Irgendwann begann Margit, regelmäßig von Erich und Annemarie zu träumen, doch tauchten in den Nächten überwiegend Traumbilder von Erich auf. Warum das so war, ahnte sie nicht. Später vermutete Margit, dass es daran liegen könnte, dass sie in dem Haus lebte, in dem Erich geboren und aufgewachsen war und wo er lange Zeit mit seiner Frau und seinen zwei Söhnen gelebt hatte.

Annemarie hoffte damals sehr auf ein Enkelkind und Margit erzählte ihr eines Morgens lachend, was sie in der Nacht davor geträumt hatte:
»Annemarie, du willst doch Oma werden, nun stell dir vor, ich träumte, dass man dir gleich zwei Bündel in den Arm legte, eines rechts und eines links und du hast so glücklich ausgesehen.«
Annemarie antwortete lachend: »Ach, Margit, das wäre ja wunderschön, aber Zwillingsgeburten sind in unserer Familie noch nicht vorgekommen und über ein Enkelkind würde ich mich ja schon freuen.« Gemeinsam amüsierten sie sich über diesen Traum.

Ungefähr ein Jahr später, es war auf Margits und Erichs Geburtstagsfeier, erzählte Annemarie bei Kaffee und Kuchen, dass sie Großmutter wird.
Margit freute sich mit ihr und konnte sich nicht zurückhalten mit der Frage: »Und, Annemarie? Werden es Zwillinge?«
Annemarie sah Margit schelmisch an und antwortete: »Ja, stell dir vor und ich habe sofort an dich denken müssen, es werden tatsächlich Zwillinge.«
Margit war erstaunt darüber und ahnte das erste Mal, dass die nächtlichen Träume von den beiden etwas mehr bedeuten könnten. Doch sie schwieg darüber.
Von da an ahnte Margit nun immer öfter, auf Grund ihrer Träume, wenn Erich sich krank fühlte. Dann wachte sie sorgenvoll auf und versuchte herauszu-

finden, ob mit ihm alles in Ordnung war. Schließlich konnte sie nicht einfach bei ihm anrufen und nachfragen: »Hallo, Erich, ich träumte schlecht von dir, ist alles in Ordnung?«

Oft waren diese Sorgen dann aber tatsächlich berechtigt, denn entweder fühlte er sich krank oder er musste sogar stationär im nahe liegenden Krankenhaus behandelt werden.

Immer häufiger bekam Margit das Gefühl dafür, wenn mit Erich etwas nicht stimmte. Außer ihrem Phillip mochte sie das aber keinem erzählen, sie wollte nicht für verrückt erklärt werden. Doch wurde sie bereits unruhig, wenn sie Erich ein bis zwei Tage nicht sah.

Bald erfuhren Margit und Phillip von Annemarie, dass Erich ernsthaft krank war.

Margit wurde traurig, denn sie mochte diesen lieben Kerl. Aber das alleine war es nicht. Es war etwas Unerklärliches, auf das Margit nie eine Antwort fand. Es war eine merkwürdige Verbindung, die in der Nacht auf der Ebene geheimnisvoller Träume bestand.

Margit erinnerte sich an das Frühjahr, in dem sie einen sehr rätselhaften Traum von Erich hatte, der sie nach dem Aufwachen noch sehr lange beschäftigte.

In dem Traum ging Margit hinüber auf das Grundstück von Erich und Annemarie. Vor seiner Haustür auf dem Hof waren viele weiße Möbel aufgestellt. Sie sahen sehr sauber aus, schöne Kommoden, kunstvolle Schränke, Regalbretter – und alles war blendend weiß. Erich war dabei, immer weitere Möbel aufzustellen.

Margit begrüßte ihn. Er grüßte freundlich, wie auch im wachen Leben, mit einem: »Hallo, Margit, na du, wie geht es dir heute?«, und legte seine warme Hand auf Margits Schulter.

»Erich, was machst du hier?«, fragte Margit ihn.

Er antwortete: »Ich will versuchen, all meine Möbel zu verkaufen!«

»Warum das denn, Erich?«, fragte Margit erstaunt und dachte: Will er umziehen?

»Ich brauche sie bald nicht mehr, Margit«, antwortete er und lächelte sie dabei zufrieden an.

Margit wachte sofort auf. Verblüfft setzte sie sich im Bett auf. Er hat doch gar keine weißen Möbel, überlegte sie. Was bedeutet das denn nun wieder? Nachdem sie vormittags immer wieder Ausschau nach ihm gehalten hatte, war sie erleichtert, ihn gegen Mittag endlich in seinem Garten arbeiten zu sehen. Den Grund für ihre Unruhe ahnte sie nicht. Sie schüttelte den Kopf und schimpfte: Unsinnige Träume! Was machen sie mich konfus!

Später fragte Margit eine Freundin, was sie zu diesem Traum sagen würde, ohne jedoch einen Namen zu nennen. Doch diese Freundin antwortete mit Gegenfragen: »Wann verkauft man seine Möbel, Margit, und wo braucht man keine Möbel mehr?« Margit begriff nicht sofort, was sie ihr damit sagen wollte.

141

Monate später. Es war einige Tage vor Weihnachten. Margit und Phillip hatten sich bereits zum Schlafen hingelegt und Margit ließ den Tag im Geiste Revue passieren. Da hörte sie klar und deutlich, so als flüsterte es ihr jemand direkt ins Ohr: »Erich stirbt, Margit.« Sie erschrak und jegliche Entspannung wich aus ihrem Körper.

Sie wandte sich Phillip zu und flüsterte: »Du, Phillip? Bist du noch wach?«

»Ja, Schatz, bin ich! Was ist denn?«

»Du … ich glaube, Erich wird nicht mehr lange leben.«

»Wie kommst du denn darauf?«, fragte Phillip, während er ein Gähnen unterdrückte.

»Nur so«, zögerte Margit, »ist nur so ein Gedanke in mir.«

Später erst erzählte Margit ihm, was sie laut in sich gehört hatte. Die Angst, für verrückt gehalten zu werden, hinderte Margit oft daran, das auszusprechen, was sie sah, hörte oder fühlte.

Der Strom der Erinnerungen riss noch nicht ab und sie sah im Geiste die Frühlingsblumen, die sie damals wochenlang auf der Fensterbank in einer Schale züchtete. Diese wollte sie Erich irgendwann überreichen können, damit er den Frühling früher als alle anderen im Haus haben konnte, wenn er vielleicht nicht mehr die Kraft finden konnte, um in den Garten zu gehen. Es wuchsen Krokusse, Osterglocken und Minitulpen in der Schale, doch der

Blüte waren sie noch fern. Voller Ungeduld sah Margit jeden Tag nach den Pflanzen. »Warum nur habe ich keinen grünen Daumen?«, schalt sie sich selber und erinnerte sich, wie Erich ihr einmal mit großer Geduld versucht hatte zu erklären, wie man Rosen veredelt und beschneidet. Was war sein neuer Garten nebenan für ein Prachtwerk gegen das, was jetzt Margits Garten war! Vor allem die große bunte Wiese, die er neben sein neues weißes Haus gesät hatte, bewunderten nicht nur Margit und Phillip. Alle bunten Blumen, die es auf Wiesen gab, waren dort zu finden, aber in einer Größe, Fülle und Farbenpracht, die man selbst in der freien Natur nicht entdecken konnte.

Einen Tag vor Heiligabend war es, da besuchten Margit und Phillip das alte Vermieterehepaar. Erich ging es sehr schlecht und er lag im Bett. Sie durften ihn kurz sehen, er wollte es so. Margit sah seine Qual und spürte, dass er Schmerzen hatte. Und sie sah Annemarie, wie sie sich stark und fröhlich gab und doch innerlich von Schmerz und Sorge erfüllt war. Als Margit Erich die Hand zur Begrüßung gab, fühlte sie einen Schwall von Emotionen, die in sie zu fließen schienen, was sie aber nicht in Worte hätte fassen können. Margit hatte das Gefühl, seine Hand eine Ewigkeit gehalten zu haben. Erich und Margit sahen sich in die Augen und es war ein sehr tiefer Blick.

Margit war mit einem Mal erfüllt von Mitgefühl und Trauer, sie fühlte einen Abschiedsschmerz, den sie sich nicht erklären konnte und etwas ließ sie sagen: »Erich, es ist so schön, dass wir dich noch einmal sehen konnten.« Peinlich berührt und irritiert fügte sie schnell hinzu: »Vor Weihnachten.«

Innerlich schalt sie sich und dachte: »Warum sage ich so etwas? Ich Trottel, er wird sich erholen und noch lange Zeit mit seiner Annemarie verbringen.«

Doch Erich sah ihr tief in die Augen und lächelte, während Margit beschämt den Kopf senkte.

Am zweiten Weihnachtstag wieder ein Traum:

Der Garten war erfüllt vom Lachen der Kinder. Phillip bastelte am Zaun. Es waren alle da.

Erich und Annemarie sahen sehr glücklich und zufrieden aus und doch waren sie sehr still, sie sprachen nicht, wie sonst in den Träumen. Sie saßen schweigend und lächelnd dicht beieinander und hielten sich an den Händen.

Es wirkte, als wäre eine große Familie zusammengekommen.

Plötzlich wurde diese Idylle durch panisch klingende Kinderschreie unterbrochen. Margit lief schnell zu ihrem weinenden Kind. Sie fand das verzweifelte Mädchen an der Wäscheleine stehend, sie war am Klagen, weil sich zwei kleine Kätzchen in zwei herunterhängenden Schnüren verheddert hatten und jämmerlich am Ersticken waren. Erich stand plötzlich daneben und sah verzweifelt aus. Er sprach nicht, stand nur traurig etwas abseits da, während Margit immer wieder versuchte, die Schnüre zu lockern. Margit wunderte sich, dass Erich ihr nicht half, doch ließ er Margit keinen Moment aus den Augen. Mit großer Mühe gelang es ihr, beide Kätzchen zu retten, wenn sie auch noch sehr geschwächt waren. Erich lächelte Margit nun an, er sah erleichtert aus, aber noch immer fand er keine Worte.

Dann war Margit aufgewacht.

Einen Tag nach Weihnachten war Erich morgens für immer eingeschlafen. Es geschah genau eine Woche, nachdem es die Stimme Margit ins Ohr geflüstert hatte.

In der Nacht vor seinem Tod hatte Erich kaum noch frei atmen können, das erfuhr Margit von Annemarie. Darum vielleicht die Kätzchen, die am Ersticken waren? Darum das Treffen im alten Garten? War das ein Abschiedstreffen im Land der Träume?

Margit war traurig und immer wieder liefen ihr Tränen übers Gesicht.

Sie war erleichtert, dass er sich nicht mehr zu lange hatte quälen müssen. Aber sie wusste, ihnen allen würde er sehr fehlen, wie eine Note, die plötzlich in einem guten Musikstück fehlt. Die Melodie stimmte nicht mehr und alle würden sich an die fremde Melodie gewöhnen müssen.

Ein einziges und letztes Mal noch träumte sie von Erich, kurz nach seinem Tod. Er stand vor Margit mit einer roten Rose in der Hand und sagte: »Bitte, Margit, überreiche meiner Annemarie diese Rose und sage ihr, dass ich sie sehr liebe und immer lieben werde. Sie wird es verstehen.«

Margit erfüllte Erichs letzten Wunsch, es war ihr nun auch egal, ob man sie für verrückt erklären würde. Margit machte Annemarie damit sehr glücklich, denn sie dachte sofort an die Zwillinge in Margits Traum.

Die alte Margit sah Erich nun nicht mehr im Garten stehen. Enttäuscht und müde sank sie in ihren Sessel zurück. Doch nun öffnete sich geräuschlos die Zimmertür und zwei Männer betraten leise, fast schwebend, den Raum. Sie strahlten Margit an, gingen auf sie zu und jeder nahm eine von Margits Händen in die seine. Ein intensives, warmes Gefühl der Liebe durchströmte die alte Frau und sie war nicht einmal erstaunt darüber. Voller Hoffnung sah sie zu den beiden Männern auf. Erich stand zu ihrer rechten und Phillip zu ihrer linken Seite. Sie halfen ihr auf und gemeinsam gingen die drei hinaus in den wunderschönen Garten, in dem die Krokusse in voller Blüte standen.

»Träume ich wieder nur?«, fragte Margit.

Schwester Claudia fand Margit sitzend im Sessel vor. Ein Lächeln lag auf ihren Lippen. Das Tagebuch war ihren Händen entglitten und lag aufgeblättert am Boden. Schwester Claudia dachte: »Welch ein schöner Tod!«

Ulrike Lauterberg

Das Schreiben von Geschichten hat Ulrike Lauterberg schon immer fasziniert. Aber erst im Alter von 45 Jahren hat sie die Leidenschaft dafür so richtig gepackt und sie nicht mehr los gelassen. Wenn sie heute mal keinen »Stoff« zum Schreiben hat, dann bereitet sich in ihr eine Unzufriedenheit aus und sie sucht nach neuen Themen. Zu der Autorin gehören ein Ehemann, drei eigene Kinder, ein Pflegekind und ein Dackel. Sie arbeitet als Betreuerin in einem Wohnheim.

ROSEN UND VANILLE

von Eva-Maria Allmond

Lisa rannte. Sie rannte durch den Wald, über die Wiesen, die Schotterwege. Sie genoss es nicht, wie sonst immer. Hunderte Male war sie schon gelaufen durch dieses wunderschöne Stück Landschaft, fast direkt vor ihrer Haustüre. Sie hatte sich dabei immer des Lebens erfreut, war dankbar, auf dieser Welt sein zu dürfen, wurde eins mit dem Himmel, den Bäumen.

Aber diesmal war es anders, sie sah nicht die Glockenblumen, nicht die Wildenten in dem kleinen Teich und auch nicht den strahlend blauen Himmel mit den Schäfchenwolken.

Sie wollte einfach davonlaufen, nur, sie wusste nicht wohin.

Sie spürte einen Kloß im Hals, einen Schmerz in der Brust und schluckte die Tränen herunter.

Tausend Gedanken schossen ihr durch den Kopf, sie konnte sie nicht ordnen.

Sie würde einfach rennen und rennen, bis der Schmerz weg war und sie vor Erschöpfung zusammenbrach.

Wie hatte es bloß so weit kommen können? Sie hatte ihr Kind doch immer so geliebt.

Babette war sieben, als sie sich von ihrem Vater scheiden ließ. Seitdem waren sie ein Herz und eine Seele gewesen. Sie war ein liebevolles und witziges Kind gewesen, lernte gut und sah ihren Vater regelmäßig. Es hatte kaum Probleme gegeben. Sie hatte einen starken Willen, das hatte Lisa schon bemerkt, aber gerade das machte sie nur noch stolzer auf sie.

Doch jetzt war sie 15 und nichts war mehr wie früher. Jeden Tag gab es Streit, Babette bekämpfte ihre Mutter vehement. Nichts war ihr gut genug, Lisa machte alles falsch.

Lisa wusste über diese schwierige Lebensphase Bescheid, sie hatte Bücher gelesen, Seminare besucht. Sie war aufgeschlossen, gewährte ihrer Tochter Freiheiten, sprach mit ihr über die Freunde. Die wenigen Sachen, die sie von Babette verlangte, wurden selten erledigt. Um alles musste sie sich selbst kümmern, neben ihrem anstrengenden Job als Krankenschwester.

Sie hatte Freundinnen – manche waren »Leidensgenossinnen« –, mit denen sie sich aussprach, und meistens nahm sie alles mit sehr viel Humor. Schließlich erinnerte sie sich an ihre eigene Jugend, als sie gegen ihre konservativen Eltern rebelliert hatte …

Sie rannte weiter.
»Hallo, Lisa, wie geht's?«

»Hallo, Oskar, danke der Nachfrage, hab's heute leider eilig.«

»O.K., dann bis nächstes Mal, schönen Tag.«

Nicht mal mit dem netten Oskar wollte sie heute reden. Sie traf ihn immer beim Laufen, er war 65, belesen, amüsant und philosophisch. Die Gespräche mit ihm waren ein Genuss.

Aber heute …

Vor ungefähr einer Stunde war ein Streit mit ihrer Tochter eskaliert, wie nie zuvor. Wegen einer Nichtigkeit, wie immer. Babette suchte den Streit, wie meistens.

Zuerst versuchte Lisa ja noch, diplomatisch zu sein, aber das Mädchen provozierte sie immer weiter und weiter. Schließlich warf sie ihr an den Kopf: »Du hast ja nur so viel Wut auf mich, weil ich meinem Vater so ähnlich bin. Ich hasse dich!«

Lisa schlug ihr ins Gesicht.

Es gab ihr einen Stich ins Herz, als sie die Situation im Kopf noch mal durchlebte. Noch nie hatte sie ihr Kind geschlagen.

Und dann kam der Schmerz über die Erkenntnis, dass Babette Recht hatte. Sie hatte es sich nicht eingestehen wollen. Babette war jähzornig, laut und meistens hoffnungslos überdreht.

All das und die Neigung, sich die Dinge so zu biegen und zu drehen, wie es ihr gerade passte − das alles erinnerte sie an deren Vater, und am allermeisten tat ihr die Wut weh, die sie jetzt so oft gegen ihr eigenes Kind verspürte. Manchmal dachte sie, sie wären gar keine kleine Familie mehr, sie hatte den Feind in ihrem Haus.

Vermutlich war sie ja selbst schuld, sie musste doch irgendwas falsch gemacht haben.
Die Kleine war immer ihr Ein und Alles gewesen. Doch Lisa war lebenslustig und attraktiv und sie war phasenweise auf der Suche nach Mr. Right gewesen, zwar nie verbissen, aber doch. Hin und wieder hatte sie Babette einen vermeintlich neuen Partner vorgestellt, doch sie hatten sich allesamt als nicht alltagstauglich erwiesen und Lisa hatte sie alle in die Wüste geschickt. Vielleicht hatte das Kind ja daran Schaden genommen, sie hätte ihr nicht so einfach jemanden vorsetzen dürfen. Und wenn sie damals nicht …

Lisa wusste nicht mehr, was sie denken sollte, sie wollte jetzt auch keine Gedanken mehr haben, endlich den Kopf frei bekommen für zwei Stunden. Sie rannte und rannte und fühlte sich tatsächlich mit jedem Schritt leichter. Sie vergaß ihre Sorgen, vergaß die Zeit um sich, die schöne Landschaft rundherum.

Plötzlich, aus heiterem Himmel fiel ihr ein Buch ein, das sie vor vielen Jahren gelesen hatte. Es war ein Buch über Engel gewesen. Sie war damals berührt gewesen und hatte sich sehnlichst gewünscht, ein

Engel würde mit ihr in Kontakt treten. Aber es war nicht geschehen. Die Engel können nicht zu uns durchdringen, wenn wir voller Trauer, Wut oder anderen negativen Gefühlen sind, hatte in dem Buch gestanden.

Aber damals hatte sie sich glücklich gefühlt und ausgeglichen …

Vor ihrem geistigen Auge tauchte eine Rose auf. Rosenduft! Das war es!

Sie erinnerte sich – sie hatte gelesen, dass man die Anwesenheit eines Engels oft durch den Duft von Rosen bemerkte. Doch sie roch nichts.

Sie rannte weiter und vergaß den kurzen Gedankenausflug.

Lisa blickte kurz auf die Uhr. Zweieinhalb Stunden! So lange war sie noch nie gelaufen. Und sie fühlte sich überhaupt nicht erschöpft. Sie beschloss, trotzdem aufzuhören und langsam zu ihrem Auto zu gehen.

Ihr Kopf war leer, sie fühlte sich leicht. Vorerst hatte sie erreicht, was sie wollte. Die Verzweiflung war verschwunden und die wild tobenden Gefühlsstürme hatten sich aufgelöst. Sie war weder glücklich noch unglücklich.

Lisa ging bei einer kleinen Waldlichtung vorbei, ihrem Lieblingsplatz. Wonach roch es hier plötzlich? Sie schnupperte. Vanille, nahm ihre Nase wahr. Woher kam der Duft?

Hier war doch weit und breit kein Haus. Und wer machte Weihnachtskekse mitten im Sommer?

Sie ging weiter. Hier war irgendetwas anwesend, eine Energie. Auf einmal fühlte sie sich wohl und geborgen wie seit langem nicht mehr. Sie war eingehüllt in … Sie wusste es nicht genau … Licht? Ein Engel war hier! Jetzt war sie sich ganz sicher, sie spürte es.

Der Engel sprach mit ihr auf einer telepathischen Ebene. Es war der Engel der Zuversicht. Sie empfing seine Gedankenenergien. Er sprach tröstliche Worte: »Alles wird gut, vergiss deine Sorgen und Ängste über etwas, das nie geschehen wird und vor allem deine Schuldgefühle wegen Dingen, die schon geschehen sind. Dein strahlendes Licht hier und jetzt kann Vergangenheit, Gegenwart und Zukunft heilen, wenn du es zulässt. Und habe keine Angst vor Fehlern und vor allem nicht vor deiner eigenen Kraft!« Das war die Kernaussage der Botschaft. »Ich werde dir immer wieder zur Seite stehen, so wie ich es früher schon getan habe, auch wenn du es nicht immer bemerkt hast und es in Zukunft auch nicht immer gleich merken wirst.«

Jetzt war er weg, der Engel. Ganz zart nahm sie noch den Vanilleduft wahr.

Lisa ging wie auf Watte, irgendwie schwebend.

Sie stieg in ihr Auto und machte sich auf den Heimweg. Sie fühlte Glückseligkeit in sich, es war unbeschreiblich, ihr Herz war gefüllt mit Liebe und Lebensfreude.

Als sie die Wohnungstür aufsperrte, stolperte sie über Babettes Stiefel und fiel fast der Länge nach hin. Sie war wieder in ihrer Realität!

»Mama« – ihre Tochter stürmte auf sie zu, ungestüm wie immer – »Mama, ich möchte mich bei dir entschuldigen, es tut mir so Leid!« Sie fiel ihr um den Hals.

Lisa schluckte.

»Mir tut es Leid!« Sie drückte sie fest. »Und … Mama, ich hab was für dich.« Babette holte hinter ihrem Rücken etwas hervor. »Die ist für dich.« Sie hielt ihr eine wunderschöne langstielige rosafarbene Rose entgegen und grinste übers ganze Gesicht.

»Danke, mein Schatz, das ist wirklich lieb von dir.«

Auf einmal verdrehte Babette die Augen und schnupperte in die Luft.

»He, wieso riecht's hier plötzlich so nach Vanillekipferl?«

Eva-Maria Allmond

arbeitet in der Administration eines Gesundheits-
zentrums. Nebenbei absolvierte sie eine 3- jährige
Ausbildung zur Shiatsu-Praktikerin und erst vor kurzem schloss sie die Ausbildung zur Entspannungs-
trainerin ab. Momentan belegt sie noch einen Kurs
für Anti-Stress-Massage. Sie betreibt gerne Sport
(Laufen, Walken, Wandern), aber vor allem auch
sehr gerne Yoga mit dem sie vor ca. 12 Jahren be-
gonnen hat. Außerdem betreibt sie noch diverse
Sachen wie Reiki (1. Grad), Qui Gong usw.
Die Autorin hat sich schon früh für spirituelle Dinge
interessiert und schon als Kind an die Wiederge-
burt geglaubt (obwohl sie von der Außenwelt kei-
nerlei Anregung dafür bekam!).
Am liebsten lasse sie aber ihrer Kreativität freien
Lauf durch Trommeln, Malen und vor allem durch
das Schreiben. Früher hat sie hauptsächlich Gedichte geschrieben – witzige und tiefgründige und
seit kurzer Zeit arbeitet sie an Kurzgeschichten, von
denen es auch schon einige gibt.

WIR SEHEN UNS ÜBERMORGEN

von Friederika Haselbeck

Der Tag bedeckte sich mit Nieselregen und Kälte, die unter die Haut kroch. Die große Fensterfront des Vortragssaales zierten hunderttausende glitzernder Tröpfchen. Helena hatte Mühe, sich nach drei Stunden Vortrag noch zu konzentrieren.

»Darf ich Sie einladen zu einer Tasse Kaffee?«, fragte ihr Stuhlnachbar am Ende des Marathonnachmittags.

»Danke nein«, antwortete Helena schnell. »Ich habe noch im Büro zu tun.«

Ihr innerer Mechanismus signalisierte, dass sie mindestens 15 Minuten durch den Nieselregen zu ihrem Auto gehen musste, weil rund um das Vortragszentrum alles zugeparkt war und sie wie immer zu spät gekommen war. Sie spürte die Haare im Gesicht kleben und von ihren Schuhen zog es kalt über die Beine in Richtung Bauch. Beim Aufschließen des Autos wurde ihr erst bewusst, dass sie gegenüber von dem Haus parkte, das Helmut gehörte.

Helmut war ihr guter Freund seit Gymnasium-Zeiten. »Wir gäben ein tolles Team«, hörte sie ihn sagen. Seine dunklen Locken hingen immer unordentlich in die Stirn. Er hatte keinen Sinn für Äußerliches. Helmut half ihr wochenlang vor dem Abitur. Mathe war für ihn das, was für andere mal kurz ein Glas Wasser trinken war – ein Kinderspiel, ein Spaß. Helena konnte weder dies noch Mathe verstehen, aber irgendwie reichte es. »Ich schlage mich mehr auf die künstlerische Seite«, wich sie größeren technischen Schwierigkeiten aus.

Helmut studierte Statik; Helena Innenarchitektur. Auf einem Jahrgangstreffen sah man sich wieder. »Wir gäben ein tolles Team«, rief Helmut, und Helena kam der Satz irgendwie bekannt vor. »Die Stadtverwaltung schreibt ein Kongresszentrum aus. Wir könnten uns gemeinsam mit unseren jeweiligen Vorschlägen beteiligen.« Helena hatte gerade ein kleines Planungsbüro eingerichtet. Ein größerer Auftrag käme wie ein Geschenk des Himmels.
Sie vereinbarten, ihre Vorschläge zu erarbeiten. Helena und Helmut trafen sich meist nach mehreren Anläufen. Die Submission erfolgte, beide bekamen den Auftrag. »Das hätte ich nie geglaubt«, schüttelte Helena den Kopf. »Weil du noch nie so recht an dich geglaubt hast«, konterte Helmut.
Von nun an mussten sie feste Termine vereinbaren, damit die Zusammenarbeit reibungslos klappte. Es war nicht leicht mit Helmut. Er war der Perfektionist, der schnell ausrastete. Helena in ihrer verträumten Art brachte öfters sein Blut in Wallung. Doch in bei-

den war die tiefe gegenseitige Zuneigung einer langen Freundschaft und Achtung vor der Leistung des anderen. Mit der Zeit wurde ihr Ton vertraulicher. Es schwang eine Melodie in ihren Gesprächen mit, die Melodie der Sehnsucht nach dem anderen. Ihre Gespräche wurden länger und gingen über das Geschäftliche weit hinaus. Und doch nahmen sie sich viel zu wenig Zeit füreinander, verschoben Zusammenkünfte oft über Wochen. Zum Glück gab es Telefon und E-Mail.

Nun waren die letzten Pläne zu überarbeiten und Absprachen zu treffen. Helenas Mutter kam mit einem Beinbruch ins Krankenhaus und musste von ihr mitversorgt werden. Helmut hatte sich mit einem Auftrag zeitlich ein wenig übernommen. Ein Termin nach dem anderen platzte. »Bis Mittwochnachmittag nächster Woche, es kommt bestimmt nichts mehr dazwischen«, sagte Helmut, als er vor drei Tagen bei Helena anrief. Helena trug den Termin rot und dick in ihren Kalender ein.

Während sie nun in ihren Wagen stieg, waren ihr all diese Gedanken durch den Kopf geschossen. Sie drehte den Schlüssel um und sah hinüber zum Haus von Helmut. Im Treppenhaus brannte Licht. Helmut ging langsam die Treppe von seinem Büro im 1. Stock herunter. Durch das Milchglasfenster sah Helena deutlich seine Kontur. Er hielt Papier in der Hand, das er langsam durchblätterte. Dann blieb er stehen und sah konzentriert auf das Papier.

»Ich spring schnell rüber zu ihm«, dachte Helena. »Heute schaffe ich ohnehin nicht mehr viel. Vielleicht können wir das Wichtigste schon besprechen.« Sie zog den Schlüssel wieder ab und sah auf die Uhr: es war achtzehn Uhr. Essenszeit bei Mutter im Krankenhaus, danach musste sie ihr helfen, sich für die Nacht herzurichten. Helena sah noch einmal zu Helmuts Haus. Er stand noch immer auf der Treppe. »Wenn ich jetzt klingele, komme ich so schnell nicht weiter«, dachte Helena. Sie steckte den Schlüssel ins Zündschloss. Helmut stand im erleuchteten Fenster auf der Treppe und sah auf das Papier in seinen Händen. »Merkwürdig, dass er mein anfahrendes Auto nicht bemerkt«, wunderte sich Helena noch und parkte aus. »Aber wir sehen uns ja übermorgen.«

Es war Montagabend. Nach dem Wochenende hielt sich der Besuch im Krankenhaus um diese Zeit in Grenzen. Helena fand sofort einen Parkplatz.
»Wo bleibst du denn so lange?«, jammerte Helenas Mutter. Es war die übliche Begrüßung, im Alter wird auch das Zeitgefühl alt, die Stunde hat drei Mal so viele Minuten, alles erscheint endlos.
»Du weißt doch, dass ich heute in einem wichtigen Vortrag war.« Helena atmete kurz vom schnellen Gehen. »Und beinahe wäre ich sogar noch später gekommen, ich wollte noch kurz zu Helmut. Du weißt schon, die Pläne für das neue Kongresszentrum müssen auf den Endstand gebracht werden.

Ich parkte zufällig gegenüber seinem Haus, und er ging gerade die Treppe herunter, als ich wegfuhr.«
»Mit Helmut hast du doch erst übermorgen einen Termin«, erwiderte die Mutter gereizt, und Helena zog es vor, das Thema zu wechseln.

Am Dienstag bequemte sich das Wetter, etwas freundlicher zu sein. Helena war auf Außendienst und kam gerade noch rechtzeitig ins Krankenhaus. »Heute kann ich nicht lange bleiben«, versuchte sie ihrer Mutter zu erklären. »Ich war noch keine Minute im Büro und für morgen muss ich die Pläne für die Besprechung mit Helmut fertig machen.«
»Du wirst morgen mit Helmut keine Besprechung haben«, sagte Helenas Mutter mit leiser Stimme.
»Warum, ist etwas mit dir?« Helena dachte, jetzt darf nichts mehr dazwischenkommen, wir arbeiten ohnehin schon auf dem letzten Drücker.
»Hast du die Zeitung heute noch nicht gelesen?«, fragte die alte Dame.
»Wann denn?«, fuhr Helena sie an, »wenn ich den ganzen Tag unterwegs bin.«
Helenas Mutter blätterte die Seite mit den Todesanzeigen auf, die schwarzen Lettern sprangen Helena ins Gesicht. Helmut war gestorben, einfach gestorben. »Plötzlich und unerwartet« stand da und »In tiefer Trauer, deine Mutter, deine Schwester Elke, deine Freunde und Bekannten«. Helena hatte das Gefühl, dass man ihr das Reißbrett unter dem Zeichenstift wegzog. Sie ging wortlos von der Mutter

fort, fuhr irgendwie heim und arbeitete die ganze Nacht an den Plänen für das Kongresszentrum.

Am nächsten Morgen rief die Sekretärin von Helmut an und teilte ihr mit, dass die Beerdigung am Donnerstag auf dem Waldfriedhof stattfindet.

Der Pfarrer predigte von einem hilfsbereiten, erfolgreichen Menschen, der für seinen Beruf lebte, aber darüber hinaus immer für seine Familie und seine Freunde da war, wenn er gebraucht wurde. »Am späten Sonntagabend beendete der Tod sein Leben mitten im Schaffen neuer Pläne. Er brach über seinem Schreibtisch zusammen.«
»Er hat sich versprochen«, flüsterte Helena ihrer Schulfreundin Anke, die auch mit Helmut oft Kontakt hatte, zu. »Es muss Montagabend gewesen sein. Ich habe ihn um achtzehn Uhr noch die Treppe in seinem Haus heruntergehen sehen.«
»Du irrst dich. Helmut starb am Sonntag. Seine Mutter rief noch in der Nacht bei mir an. Sie stand völlig neben sich. Sie war kurz zuvor in sein Arbeitszimmer gegangen, weil sein Handy ständig klingelte, und hat ihn tot auf dem Schreibtisch liegend vorgefunden.«

Helena stieg noch einmal in ihren Wagen. Sie drehte noch einmal den Schlüssel um und zog ihn dann wieder ab. Es war noch einmal Montagabend, achtzehn Uhr. Sie sah noch einmal das Licht in Helmuts Haus. Sie sah ihn die Treppe herabge-hen und auf das Papier in seiner Hand schauen. Die weißen Rosen, die sie heute für ihn in der Hand hielt, fielen zu Boden. »Wir sehen uns ja übermor-gen«, sagte sie, während sie der Schmerz wie ein Pfeil durchbohrte. In diesem Moment wurde sie sich über ihre Gefühle für Helmut klar. Es war zu spät. Nur Helmut hatte sich noch einmal Zeit ge-nommen, um sich von ihr ganz besonders zu ver-abschieden.

Friederika Haselbeck

geboren am 13. Juni 1953, ver-heiratet, eine Tochter.
Beruf: Lehrerin für Textverarbei-tung an berufsbildenden Schulen.
Bisherige Veröffentlichungen:
»Prinzessinnenhaar« (Kinderbuch,
Verlag Attenkofer 1997)
Tageszeitungen
Straubinger Kalender

Weitere Bücher aus der Reihe
»Spirit World«, die im
Magic Buchverlag erschienen sind:

*Uta Hierke und
Hans-Jürgen E. Sackmann*
**Weisheiten eines Schutzengels:
Anleitungen zum Glücklichsein**
Die Entwicklung der Seele im
Diesseits und Jenseits
ISBN 3-936935-28-9

Karina Traxinger
Das Jenseits blinkt Dir zu
Erfahrungen eines Mediums und
das Werkzeug zum Medialen
ISBN 3-936935-06-8

Karina Traxinger
Der Blick in die geistige Welt
Ein Medium berichtet vom
Jenseits
ISBN 3-936935-32-7

Ein besonderer Dank

an Margarete Nothaft aus München, die uns
ihre Illustrationen zur Verfügung stellte,

an Gabriele Krämer für die Lektoratsarbeiten,

an Jürgen Kierner für die Satz- und
Gestaltungsarbeiten,

und an Martin Praml für die Gestaltung
des Buchumschlages.